KTV

Wolf Strache

Stuttgart

mit meinen Augen

Geleitwort
von Manfred Rommel

Theiss

Alle Fotos und Layout: Dr. Wolf Strache
Übersetzer: Ilona Drees (Englisch)
Gerhard Windhuis und Danièle Vernet
(Französisch)

Die Deutsche Bibliothek – CIP-Einheitsaufnahme

Strache, Wolf:
Stuttgart mit meinen Augen / Wolf Strache. Geleitw. von Manfred Rommel. [Übers.: Ilona Drees (Engl.), Gerhard Windhuis und Danièle Vernet (Franz.)]. – 5. Aufl. – Stuttgart : Theiss, 1995
ISBN 3-8062-1173-6
NE: HST

5. Auflage 1995

Gesamtherstellung: Grafische Betriebe
Süddeutscher Zeitungsdienst, Aalen
Printed in Germany
ISBN 3-8062-1173-6

Inhalt

Contents

Table des matières

Geleitwort

Es ist ein sehr persönliches Bild, das Wolf Strache in seinem farbigen Buch von unserer Stadt zeichnet. Beim Durchblättern habe ich es als reizvoll empfunden, daß Stuttgarts Gesicht oft erst auf den zweiten Blick erkennbar wird, weil neben Altvertrautem vielerlei Ungewohntes, zuweilen fremdartig Erscheinendes selbst dem, der Stuttgart bereits zu kennen glaubt, manches Rätsel nach dem Was und Wo aufgibt. Und dennoch entsteht aus den vielen subjektiven Augen-Blicken durch das Objektiv der Kamera ein Bildmosaik, das unverwechselbar und augenfällig Stuttgart heißt.

Das Erscheinungsbild einer Stadt wird immer vom Charakter der Menschen geprägt, die in ihr leben. Dr. Strache läßt dies auf nahezu jeder Seite seines Bildbandes spüren. So offenbart sich der sprichwörtliche Fleiß der Schwaben in der Dynamik des Wiederaufbaus der Stadt nach den schweren Zerstörungen des letzten Krieges, aber auch in der beachtlichen Aufwärtsentwicklung der Stuttgarter Wirtschaft, deren Produkte wegen ihrer Qualität draußen in der Welt das »made in Stuttgart« fast zu einem Wertbegriff gemacht haben. Das Besinnen auf das Hergebrachte und Bewährte zeigt sich in der sorgfältigen Restaurierung der historischen Baudenkmäler Stuttgarts, die heute zu Recht wieder vielbeachtete Sehenwürdigkeiten sind: das Neue Schloß, Altes Schloß, Stiftskirche, Fruchtkasten und Alte Kanzlei am traditionsreichen Schillerplatz oder die schöne Calwer Straße mit ihrem modernen Pendant, der Calwer Passage. Auch im Bereich der Eberhardstraße, wo das Geburtshaus des bedeutenden Philosophen Hegel renoviert und der Öffentlichkeit zugänglich gemacht wurde, kann der Besucher der Stadt die gelungene Verbindung des alten und neuen Stuttgart finden.

Die Liebe des schwäbischen Menschen zur Natur, zum eigenen Garten, spiegelt sich in den ungewöhnlich vielen Parks, den Weinbergen selbst im Stadtkern und den weiten Wäldern, die den Begriff »Stadtlandschaft« verdeutlichen. Dadurch wird die Aufgeschlossenheit für das Neue keineswegs verdeckt, der Mut der Stuttgarter, an der Zukunft ihrer Stadt und in die Zukunft hinein zu bauen. Sicher ist dabei nicht alles gelungen, doch insgesamt kann sich das moderne Stuttgart sehen lassen, wie Strache ebenfalls beweist. Einige Bauten dürfen als beispielhaft für die Architektur unserer Zeit gelten. Da wäre der Fernsehturm zu nennen, die ebenfalls bereits in den fünfziger Jahren entstandene Liederhalle, die inzwischen zum Kultur- und Kongreßzentrum erweitert wurde, die Calwer Passage, oder die Staatsgalerie von James Stirling. Sie alle sind aus dem Stadtbild nicht mehr wegzudenken. Mit dem Treffpunkt Rotebühlplatz, dem Neubau der Südwest-LB am Hauptbahnhof und der L-Bank mit Friedrichsbau sind in jüngster Zeit drei weitere stadtbildprägende Bauwerke hinzugekommen. Das sogenannte Rondell der L-Bank schlägt dabei wieder den Bogen zur Vergangenheit. In diesen Räumen wird an der Stätte des im Luftkrieg zerstörten alten Friedrichsbaus die große Stuttgarter Varieté-Tradition fortgesetzt.

Einen frischen Farbtupfer in der bunten Palette der Stuttgarter Kulturszene stellt die Musical Hall dar. Verbunden mit einer großzügigen Bade- und Saunaanlage, den »Schwaben-Quellen«, einer eleganten Passage mit Restaurants und Geschäften und zwei komfortablen Hotels machte dieser in kürzester Zeit erstellte Komplex Stuttgart zur Musical-Metropole Süd- und Südwestdeutschlands.

In jedem Fall hoffe ich, daß das vorliegende Bildwerk den zahlreichen Freunden unserer Stadt neue interessante Erkenntnisse vermittelt und bei denen, die Stuttgart bisher nur wenig oder gar nicht kannten, den Wunsch auslöst, die Landeshauptstadt im deutschen Südwesten »mit eigenen Augen« zu entdekken, wie es Wolf Strache hier auf so eindrucksvolle Weise getan hat.

Manfred Rommel

Preface

The picture that Wolf Strache is drawing in his new book on our city is a very personal one. On turning its leaves I was delighted to note that Stuttgart's face often reveals its beauty only at second look because close to the Old and Well-Known many kinds of unusual things, at times strangely appearing even to one who believes to know Stuttgart already well enough, give many a riddle to solve as to What and Where. And yet, out from the lens of the camera we are getting a pictured mosaic resulting from many personal eye-looks what must be named Stuttgart as it is, unchangeable and evident.
The appearance of a city has always been marked by the character of its inhabitants living in it. This is what Dr. Strache makes us feel on nearly every page of his illustrated volume. Thus he reveals to us the Swabian proverbial industry in the dynamic force of reconstructing the city after the heavy and severe destructions in the course of the recent war but also in the conspicuous economic development of the City of Stuttgart whose products have rendered the expression »made in Stuttgart« almost to be an idea for high value abroad thanks to their quality. The remembrance of tradition and the Well-Proved can be seen in the careful restoring of Stuttgart's historic buildings which are today again and rightfully much admired curiosities well worth seeing like das Neue Schloß (New Castle), das Alte Schloß (Ancient Castle), Stiftskirche (Collegiate Church), Fruchtkasten (Tithe Barn) and die Alte Kanzlei (Ancient Chancellery) on the traditional Schillerplatz (a square) or the beautiful Calwer Straße (a commercial street) with its modern opposite the Calwer Passage (the renowned new quarter around the Calwer Street). In the quarters around Eberhardstraße, too, where the famous philosopher Hegel's birthplace has been renewed and opened for the public, the visitor can find the successful symbiosis of old and new Stuttgart.
The Swabian people's love for nature, their wish to have a garden of their own reflects itself in the unusual great number of parks, the vineyards even in the inner city and the belt of woods which symbolize the expression »city landscaping«. This does by no means hide an open sense for the New, The Stuttgart citizens' courage to build the future of their city and to build further into the future. They certainly weren't successful, everywhere, yet, considering all this, modern Stuttgart can show herself as Strache equally demonstrates. Some of the buildings may be regarded to be models for our present day's architecture. One might mention the Fernsehturm (Television Tower), the concert-hall Liederhalle, also constructed during the early 50s and meanwhile extended to a conference and cultural centre, the Calwer Passage and James Stirling's Staatsgalerie (State Gallery). All of them have become an integral part of the townscape. As a recent contribution, with Treffpunkt (meeting-point) Rotebühlplatz, the new Südwest-LB (Southwest State Bank) near central station and L-Bank with Friedrichsbau three new buildings have been added. The so-called Rondell of the L-Bank is linked to the past since Stuttgart's great tradition of variety theatre is revived in these rooms. Before world war II the variety theatre was located in the old Friedrichsbau which was destroyed in an air raid.
A new colour in Stuttgart's diverse cultural palette is the Musical Hall, built in a very short span of time. Together with a large bath and sauna, the »Schwaben-Quellen« (Swabian Springs), an elegant mall with restaurants and shops and two comfortable hotels this complex has become the centre for the performance of musicals in the south and south-west of Germany.
In any case I do hope that the present picture volume will be of new interest and knowledge for the great number of friends of our city and that it will rouse a wish for discovering Germany's south-western metropolis with their own eyes such as Wolf Strache did this in such a unique and impressive way.

Manfred Rommel

Préface

C'est une image très personnelle que Wolf Strache nous trace dans son nouveau livre sur notre ville. En feuilletant dans ce livre j'étais ravi de constater que le visage de Stuttgart apparaît seulement après l'avoir regardé une deuxième fois. Car auprès le bienconnu beaucoup de choses inaccoutumées, parfois quelque chose d'étrange même pour celui qui croit connaître Stuttgart déjà très bien nous donne plus d'une énigme à résoudre en ce qui concerne le Quoi et le Où. Et néanmoins d'une mosaïque illustrée apparaît la quantité des vues personnelles à travers l'objectif de l'appareil photographique qui s' appelle Stuttgart évidemment indécep-table.

L'apparence d'une ville est toujours imprimée par le caractère de ses habitants qui vivent là-dedans. Dr. Strache nous fait sentir comme ça sur presque chaque page de son livre illustré. Ainsi se révèle la diligence proverbiale des Souabes travailleurs dans l'élan efficace de la reconstruction de la cité après les grandes destructions de la dernière guerre mais aussi le remarquable développement économique de Stuttgart dont les produits ont fait à peu près le prédicat «made in Stuttgart» un signe de valeur en ce qui concerne leur qualité dans le monde entier.

Le souvenir de tradition et des choses éprouvées se témoigne dans la restauration soigneuse des édifices historiques de Stuttgart qui aujourd'hui à juste titre sont de nouveau devenus des curiosités remarquables tellement que das Neue Schloß (Le Nouveau Château), das Alte Schloß (L'Ancien Château), Stiftskirche (l'Eglise collégiale), Fruchtkasten (La Halle à blé) et Alte Kanzlei (Ancienne Chancellerie) sur la Schillerplatz (Place Schiller) qui est pleine de traditions ou la belle Calwer Straße (rue commerciale) avec son pendant moderne le Passage Calwer (voie piétonnière très renommée, nouveau quartier de la ville situé autour de la Calwer Straße). Mais la conjonction réussie de l'ancien et du nouveau se découvre aussi dans la Eberhardstraße où la maison de naissance du philosophe éminent Hegel avait été remise à neuf et ouverte au public.

L'amour des Souabes pour la nature, pour leur propre jardin se reflète dans la quantité des parcs, les vignobles même jusqu'au centre de la cité et dans les forêts vastes qui témoignent l'expression «paysage urbain». Par cela le désir pour le nouveau ne se cache pas du tout, le courage des citoyens de Stuttgart de construire l'avenir de leur cité et de construire pour l'avenir. Il est bien sûr qu'on n'a pas réussi tout à fait mais tous ensemble le Stuttgart moderne peut se laisser voir comme Strache le démontre aussi. Quelques bâtiments peuvent se vanter être modèles pour l'architecture contemporaine. Pour ne citer que quelques-uns: le Fernsehturm (Tour de Télévision), la salle de concert Liederhalle aussi construite pendant les années cinquante et agrandie après en tant que centre de culture et des congrès, le Passage Calwer ou la Nouvelle Galerie Nationale. Ils font tous parti du paysage urbain. Il faut ajouter trois bâtiments nouveaux qui marquent désormais la physiognomie de la ville: le lieu de rendez-vous Rotebühlplatz, la construction nouvelle de la banque Südwest-LB près de la gare centrale et la banque L-Bank avec le Friedrichsbau. Le soi-disant rond de la L-Bank renoue avec le passé en revivant la grande tradition de variété à Stuttgart qui avait son centre à la même place dans l'ancien Friedrichsbau détruit pendant la guerre airiénne.

Le Musical Hall constitue une touche fraîche dans la palette culturelle de Stuttgart. Cet ensemble qui avait été construit en très peu de temps et qui héberge aussi un vaste terrain de bain et de sauna (les «Schwaben-Quellen»), deux hôtels confortables et une élégante galerie avec restaurants et magasins fait de Stuttgart la métropole du musical dans l'Allemagne du Sud et du Sud-Ouest.

En tout cas j'espère que le présent volume illustré donnera de nouvelles et d'intéressantes connaissances à la quantité d'amis de notre ville et qu'il réveillera chez ceux qui connaissent Stuttgart jusqu'à présent seulement très peu ou pas du tout le désir de découvrir la métropole du Sud-Ouest de l'Allemagne par leurs propres yeux d'une manière tellement impressionnante comme Wolf Strache le fait ici.

Manfred Rommel

Stuttgart - mit meinen Augen

Es gibt größere Städte. Es gibt bedeutendere Städte. Es gibt ältere Städte. Aber keine ist so wie Stuttgart ringsum in Wald und Weinberge gebettet, schmiegt sich so anmutig an die Hänge der umgebenden Hügel und bietet, man mag auf sie herabschauen, von wo man will, ein so faszinierendes Bild.
Ich muß immer an die freundliche Schwäbin denken, die, von den Fildern kommend, mit der Straßenbahn die Neue Weinsteige hinabfuhr, mit leuchtenden Augen hinunter in die Tiefe sah und mit einem glücklichen Seufzer sagte: »Ha, 's isch doch immer wieder ebbes Wunderschöns, wenn man in unsere Landeshauptstadt kommt!«
Das Wesen Stuttgarts, seine Sehenswürdigkeiten und alten Bauten, die Beschaulichkeit seiner Weinstuben und der Fleiß seiner Bewohner sind in vielen Berichten und Bildern geschildert worden. Ich selbst fotografierte mein erstes Stuttgart-Buch 1950, als noch das Neue Schloß als Ruine stand und der Wind durch die leeren Fensterhöhlen der Stiftskirche pfiff. Seitdem habe ich wieder und wieder das Wachsen einer schöneren, helleren, moderneren Stadt beobachtet und dargestellt. Dieses Buch nun will über die Dokumentation des oft Gesehenen hinaus Blickpunkte und Perspektiven aufzeigen, die kaum entdeckt, die neu und ungewohnt sind, unvermutete Ansichten also, in denen die Eigenart dieser Stadt sich durchaus glaubhaft widerspiegelt und die dennoch für den Betrachter überraschend sind. Denn wer sieht schon, wenn er zum tausendsten Male den Schloßplatz im Herzen der Stadt überquert, die schlanke Säule mit dem vergoldeten Merkur als dominierende Vertikale neben den Türmen der Stiftskirche? Wer bemerkt über der silberglänzenden Metallskulptur der Ventilationsrohre am Bahnhofsplatz den Fernsehturm, der sich als Wahrzeichen des neuen Stuttgart neben die abstrakte Schönheit der Technik stellt? Wer entdeckt für sich den reizvollen Kontrast des gotischen Kreuzes an der Leonhardskirche zum Rathausturm, die Spiegelung des Schloßplatzes in den Fenstern einer Boutique an der Königstraße, die sprudelnden Brunnen inmitten urbanen Lebens in der City? Allenthalben findet das wache Auge optische Situationen, die niemand sonst wahrnimmt, reizvolle Aspekte einer Stadt, die man durch und durch zu kennen meinte, Ausschnitte, die im Sucher der Kamera erstmals registriert werden und als fotografisches Bild die Neuentdeckung des Gewohnten ermöglichen.
Plötzlich merkt man, wie farbenfroh und heiter die Stadt geworden ist, wie lebendig die zahlreichen Fußgängerzonen sind, auf die Cafés und Gaststätten ihre Tischchen und Stühle hinausgerückt haben. Auf dem grünen Rasen, der sich vom Schloßplatz in der Mitte der Stadt über Theatersee und Unteren Schloßgarten bis zum Rosensteinpark dehnt, lagern unbekümmert Einheimische und Fremde in der Sonne. Auf der Königstraße sitzen Kinder in weitem Kreis und spielen. Kleine Gruppen junger Leute musizieren und singen. Und die Passanten bleiben stehen und haben freundliche Gesichter. Auf dem Killesberg, an der Solitude und an den Bärenseen begegnet man Scharen sonntäglicher Spaziergänger. Und auf der Wangener Höhe, zwischen den Schrebergärten und Obstwiesen treffen sich ganze Familien beim Viertele auf den Holzbänken einer kleinen Gartenwirtschaft. Pflanzenhäuser und Tiergehege der Wilhelma sind erfüllt vom fröhli-

chen Geschrei der Kinder. Am Max-Eyth-See ziehen die Segler ihre Bahn über den klaren Spiegel des Wassers, in dem sich Weinbergterrassen und die Hochhäuser am Freiberg spiegeln. Und völlig aus dem Häuschen scheint die Stadt, wenn sich zu Füßen des Schillerdenkmals der Flohmarkt mit seinem bunten Angebot entfaltet, wenn in den Vorortstraßen Bänke und Holztische zur »Hocketse« stehen, oder wenn von der Alten Kanzlei bis zum Rathaus »das größte Weindorf Deutschlands« seine Zelte aufschlägt und die Stuttgarter mit ihren Nachbarn und Freunden zu vielen Tausenden dicht beieinander sitzen, um den neuen Jahrgang zu probieren. Kommunikation wird dann groß geschrieben.

Von diesem anderen Stuttgart, das an Farbe und Heiterkeit gewonnen hat, möchten die Bilder dieses Buches erzählen und dies, wo immer es machbar ist, in neuen, ungewohnten Ansichten.

Daß in dieser Stadt die Weinberge noch immer bis an den Rand des Bahnhofsplatzes wachsen, daß im Herzen der City eine fast kleinstädtisch anmutende Giebelreihe wie die Calwer Straße erhalten blieb in direkter Nachbarschaft zur neuen Calwer Passage mit ihrer gläsernen Pracht, daß man von jedem Punkt der Stadt aus in einer Viertelstunde im Grünen oder gar im Wald sein kann, daß man hier leben kann ohne zu verkümmern, daß es hier Gemütlichkeit gibt ohne Muff und Weltoffenheit ohne Angebertum, dies alles macht Stuttgart so liebenswert und unverwechselbar.

Mit meinen Bildern sage ich dieser Stadt ein herzliches Dankeschön.

Wolf Strache

Stuttgart – with my eyes

There are larger cities. There are more distinguished cities. There are older cities. But none is totally surrounded by woods and vineyards as Stuttgart, nestled in the slopes of surrounding hills and presenting, from every available point, such a fascinating picture.
I am always reminded of the words of the friendly Swabian, as she came from the Fildern, down the Neue Weinsteige by tramcar. Looking below with eyes agleaming, she sighed: »Ha, nevertheless it's still a marvelous thing, when you come to our capital.«
Stuttgart's nature, its sights and old buildings, the quiet atmosphere of its wine taverns and the diligence of its inhabitants have been described in many reports and pictures. I, myself photographed my first Stuttgart Book in 1950, as the New Castle still stood in ruins and the wind blew through the empty windows and cavernous rubbles of the Collegiate Church. Since then I have often observed and photographed the growth of a more beautiful, bright, modern city. This book now seeks to portray visual points and perspectives beyond documentation of the quotidian, scenes rarely discovered, the new and extraordinary. Unexpected views which reflect the character of this city convincingly and yet communicate the surprising to the beholder.
For who, as he crosses the Castle Square in the city's heart for the thousandth time, really perceives the slender pillar with the gold-plated Mercury as the dominating vertical presence beside the towers of the Collegiate Church? Who notices the Television Tower above the silver shimmering metal sculpture out of ventilation pipes at Station Square, which places itself as a symbol of the new Stuttgart beside the abstract beauty of technology? Who discovers for himself the delightful contrast of the gothic cross on Leonhard Church to the City Hall Tower, the reflections of the Castle Square in a boutique's window on the Königstraße or the bubbling fountains amidst urbain life in the city? Allaround the watchful eye finds optical settings that no one else recognizes; lovely aspects of a city which was meant to be thoroughly known. Scenes, perceived for the first time in a camera's viewfinder and as pictures allow the recent discovery of the accustomed.
Suddenly you notice how gaily coloured and fair the city has become and you can feel the vibrancy of its numerous pedestrian areas in which cafes and restaurants spill out their tables and chairs onto the street. On the green meadow, which spreads from the Castle Square in the center of the city to Theater Lake and Lower Castle Garden to Rosensteinpark, city strollers and visitors relax carefree in the sun. On the Königstraße children sit in a broad circle at play. Small groups of young people make music and sing. And passers-by tarry and are affected by the happyness. On the Killesberg, at the Solitude and at the Bärenseen you will meet crowds of sunday walkers. And on the Wangener Höhe, between garden plots and fruit meadows families meet by a »Viertele« (a glas of wine) on the wooden benches of a small outdoor restaurant. The Wilhelma's botanical houses and animal preserves are filled with the children's merry shouting. On Max-Eyth-Lake sailors glide across the waters, whose glistening surface reflects the terraced vineyards and Freiberg's multistoried buildings. The city seems to be absolutely beside itself,

when the flea-market spreads out its variegated wares, when benches and wooden tables stand in the streets for the »Hocketse« or when »Germany's biggest wine village« pitches its tents from the Ancient Chancellery over to the City Hall and Stuttgarters and their friends and neighbours crowd together by the thousand to savor the new vintage. Then the talk flows freely.
The photos of this book seek to relate, wherever possible with new, extraordinary views, of this different Stuttgart, a city that has gained in colour and brightness.
That in this city the vineyards still reach to the outskirts of the Station Square, that in the city's heart next to the glass magnificence of the new Calwer Passage the provincial gabel row of the Calwer Straße remain preserved, that meadows and forests lie within a quarter hour from any part of the city, that you can live here without wasting away, that here exists a warm atmosphere without stuffyness and a cosmopolitan feeling without boastfulness; all this makes Stuttgart so lovable and unique.
With my pictures I express my sincerest thanks to this city.

Wolf Strache

Stuttgart – par mes yeux

Il y a bien sûr de plus grandes villes, de villes plus importantes, de villes plus anciennes, mais aucune n'est comme Stuttgart. Stuttgart a fait son lit entre les forêts et les vignobles, se blottit contre les versants des collines avoisinantes et offre une image si fascinante quelque soit la façon dont on les regarde.
Je dois toujours penser à cette charmante femme souabe venant des champs appelés les Filder qui descendait la rue Neue Weinsteige en tramway avec un regard rayonnant et disait en un soupir heureux, coloré de son accent: «Ah, c'est toujours quelque chose de merveilleux que de revenir dans notre capitale!»
Stuttgart, ses curiosités et ses vieux bâtiments, la bonne atmosphère de ses tavernes et l'assiduité de ses habitants furent reportés et illustrés maintes fois. En 1950 j'ai pris en photo mon premier livre sur Stuttgart, alors que le Nouveau Château n'était encore qu'une ruine et que le vent sifflait par les fenêtres de l' Eglise collégiale. Depuis ce temps, j'ai toujours observé et représenté le développement d'une plus belle ville, d'une ville plus lumineuse et plus moderne.
Ce livre veut montrer, par la documentation du souvent vu, les aspects et les perspectives à peine découverts qui sont nouveaux et inhabituels, donc des vues vraiment inattendues parmi lesquelles la particularité de cette ville se reflète d'une manière entièrement authentique et cependant surprenante pour l'observateur.
Car, qui voit encore au centre ville, en traversant pour la millième fois la Place du Château, la colonne fine avec la statue dorée de Mercure en sa fonction de verticale dominante près des tours de l' Eglise collégiale. Qui remarque la Tour de Télévision, le signe du nouveau Stuttgart, placée à côté de la beauté abstraite de la technique, audessus de la sculpture en métal argenté des tubes d'aération sur la Place de la Gare? Qui découvre personnellement le contraste attirant entre la croix gothique de l'église Leonhardskirche et la tour de l'Hôtel de Ville; le reflet de la Place du Château dans les vitrines d'une boutique de la rue Königstraße, les fontaines jaillissantes au milieu de la vie urbaine du centre ville? Par tout, l'oeil éveillé capte des situations optiques, cachées aux autres, des aspects charmants d'une ville que l'on croyait connaître à fond, des scènes, enregistrées par le viseur de la caméra, permettant la redécouverte de l'habituel avec les possibilités de la photographie.
On remarque tout à coup les couleurs et la chaleur de cette ville, l'animation des nombreuses zones piétonnières, sur lesquelles les cafés et les restaurants ont installé leurs tables et leurs chaises. Sur la pelouse s'étendant de la Place du Château au centre ville par le Lac du Théâtre et les jardins autour du château jusqu'au parc Rosenstein, s'allongent au soleil en prenant leur aise, les Souabes et les visiteurs. Dans la rue Königstraße des enfants se sont assis en cercle et jouent. De petits groupes de jeunes font de la musique et chantent. Les piétons s'arrêtent regardant d'un air aimable. Sur la colline Killesberg, près du Château Solitude et au bord des lacs Bärensee on rencontre beaucoup de gens se promenant le dimanche. Sur la colline Wangener Höhe entre les jardinets et les vergers, les familles se rencontrent dans les petits troquets pour boire un vin du pays assis sur des bancs en bois. Les cris heureux des enfants retentissent dans toutes

les serres et les enclos du jardin botanique et zoologique Wilhelma. Au lac Max-Eyth-See les voiliers naviguent sur l'eau claire dans laquelle se reflètent les vignobles et les immeubles de la colline Freiberg. La ville semble être complètement bouleversée lorsque le marché aux puces déploie ses offres colorées au pied de la statue de Schiller, lorsqu'on a placé des bancs et des tables en bois, invitant à s'asseoir, dans les rues banlieusardes, ou lorsque «le plus grand village viticole allemand» s'étend de la Ancienne Chancellerie jusqu'à l'Hôtel de Ville et les habitants de Stuttgart accompagnés de leurs voisins et de leurs amis y sont assis serrés l'un contre l'autre par milliers afin de déguster le vin de la nouvelle année. Communication est écrite avec un grand C.

Les photographies de ce livre, partout où ceci est faisable par des perspectives nouvelles et inhabituelles, aimeraient reporter de cet autre Stuttgart qui a gagné en couleurs et chaleur.

Que les vignobles de cette ville poussent toujours jusqu' au bord de la Place de la Gare, que 's est conservée une ligne de pignons presque à la mode de petites villes comme dans la rue Calwer Straße au coeur de la cité près du passage moderne Passage Calwer marquant son luxe en vitres, qu'il est possible d'être dans la nature ou même dans la forêt en un quart d'heure de la ville, qu' il est possible de vivre ici sans se languir, mais avec aisance sans impression vieux jeu et avec une mondanité sans être vaniteux, c'est tout cela qui rend Stuttgart si gentil et unique.

Par mes photographies, je tiens à remercier chaleureusement la ville de Stuttgart.

Wolf Strache

1 Stiftskirche und Fruchtkasten

1 Collegiate Church (Stiftskirche) and Tithe Barn (Fruchtkasten)

1 Eglise collégiale (Stiftskirche) et la Halle à blé (Fruchtkasten)

2 Fernsehturm, vom Bahnhofsplatz aus

2 Television Tower, seen from the Station Square

2 Tour de Télévision vue de la Place de la Gare

*3 Bahnhofsturm,
von der Königstraße aus*

*3 Station Tower, seen
from the Königstraße*

*3 La Tour de la Gare,
vue de la rue Königstraße*

4 Rathausturm und Kreuzigungsgruppe an der Leonhardskirche

4 City Hall Tower and Crucifixion Group at Leonhard Church

4 Tour de l'Hôtel de Ville et Crucifixion à l'église Leonhardskirche

5 Marktplatz mit Stiftskirche

5 Market-Place with Collegiate Church

5 Place du Marché avec l'Eglise collégiale

6 Türme der Stiftskirche mit Merkursäule

6 Towers of the Collegiate Church with Mercury Pillar

6 Les Tours de l'Eglise collégiale avec Colonne de Mercure

7 *Neues Schloß*

7 *New Castle*

7 *Le Nouveau Château*

8 Abendstimmung am Charlottenplatz   *8 Evening Mood at Charlottenplatz*   *8 Crépuscule à la Place Charlottenplatz*

9 *Marktplatz mit Marktbrunnen und Stiftskirche*

9 *Market-Place with Market-Fountain and Collegiate Church*

9 *La Place du Marché avec fontaine et l'Eglise collégiale*

10 Altes Schloß

10 Ancient Castle

10 L'Ancien Château

11 Württembergischer Kronschatz im Alten Schloß

11 The Württemberg's Treasure of the Crown in the Ancient Castle

11 Trésor de la Couronne de Wurtemberg à l'Ancien Château

12 Turnierhof im Alten Schloß

12 Tournament Court in the Ancient Castle

12 Cour de Tournois à l'Ancien Château

13 Mahnmal für die Opfer des Faschismus und Königsbau

13 Memorial for the Victims of Fascism and Königsbau

13 Monument à la mémoire des victimes du fachisme et Königsbau

14 Flohmarkt auf dem Schillerplatz

14 Flea-Market on Schillerplatz

14 Marché aux Puces sur la place Schillerplatz

15 Kunstgebäude und Jubiläumssäule, gespiegelt

15 Art-Museum Kunstgebäude and Jubilee Column

15 Reflet du Musée d'Art Kunstgebäude et de la colonne de Jubilé

16 »Größtes Gemälde« im Kunstgebäude

16 »Greatest Picture« in the Art-Museum Kunstgebäude

16 La plus grande peinture dans le Musée d'Art Kunstgebäude

17 Kunstgebäude mit Bronzeplastik von Maillol

17 Art-Museum Kunstgebäude with Bronze Plastic by Maillol

17 Musée d'Art Kunstgebäude avec plastique bronze par Maillol

18 Commerzbank mit Fruchtkasten

18 Commerzbank with Tithe Barn

18 Banque Commerzbank avec Fruchtkasten (la Halle à blé)

19 Im Schwabenzentrum

19 Inside the »Schwabenzentrum«

19 A l'intérieur du »Schwabenzentrum«

20 Café am Königsbau mit Dresdner Bank

20 Königsbau Cafe with Dresdner Bank

20 Café du Königsbau avec la banque Dresdner Bank

21 Königsbau und Mobile von Calder *21 Königsbau and Mobile by Calder* *21 Königsbau et mobile de Calder*

22 Spiegelung des Rathausturmes

22 Reflection of the City Hall Tower

22 Reflet de la Tour de l'Hôtel de Ville

23 *Innenhof der Karls-Passage*

23 *Inner courtyard of the Karls Passage*

23 *Cour intérieure de la galerie Karls-Passage*

24 Hauptbahnhof mit Hochhäusern

24 Main Railway Station with multistoried buildings

24 Gare Centrale avec immeubles

25 *An der Friedrichstraße*

25 *At the Friedrichstraße*

25 *Dans la rue Friedrichstraße*

26 Klett-Passage mit Aufgang zur Königstraße

26 Klett Passage with Staircase up to Königstraße

26 Passage Klett avec escalier à la rue Königstraße

27 In der Königstraße

27 In the Königstraße

27 Dans la rue Königstraße

28 Spielende Kinder auf der Königstraße

28 Playing children in the Königstraße

28 Des enfants jouant dans la rue Königstraße

29 Boutiquen und Spiegelung an der Königstraße

29 Boutiques and reflection on the Königstraße

29 Boutiques et reflet dans la rue Königstraße

30 Fachwerkhäuser an der Calwer Straße

30 Framework houses at the Calwer Straße

30 Les maisons à colombage de la rue Calwer Straße

31 In der Calwer Passage

31 In the Calwer Passage

31 Dans le Calwer Passage

32 Treffpunkt Rotebühlplatz

32 Meeting-point Rotebühlplatz

32 Lieu de rendez-vous Rotebühlplatz

33 L-Bank mit Friedrichsbau

33 L-Bank with Friedrichsbau

33 L-Bank avec Friedrichsbau

34 *Im Hegelhaus*

34 *In the Hegel Museum*

34 *Dans le musée Hegel*

35 Auf dem Hoppenlau-Friedhof

35 In the Hoppenlau-Graveyard

35 Le cimetière Hoppenlau

36 Willy-Reichert-Staffel an der Karlshöhe

36 Willy-Reichert-Staffel at Karlshöhe

36 Willy-Reichert-Staffel à la colline Karlshöhe

37 Weinberge auf der Karlshöhe

37 Vineyards on the Karlshöhe

37 Vignobles sur la colline Karlshöhe

38 Bertoni-Skulptur am Schauspielhaus

38 Bertoni-Sculpture at the Playhouse

38 Sculpture Bertoni au Théâtre

39 Staatstheater Großes Haus

39 State Theatre Big House

39 Théâtre National Grande Salle

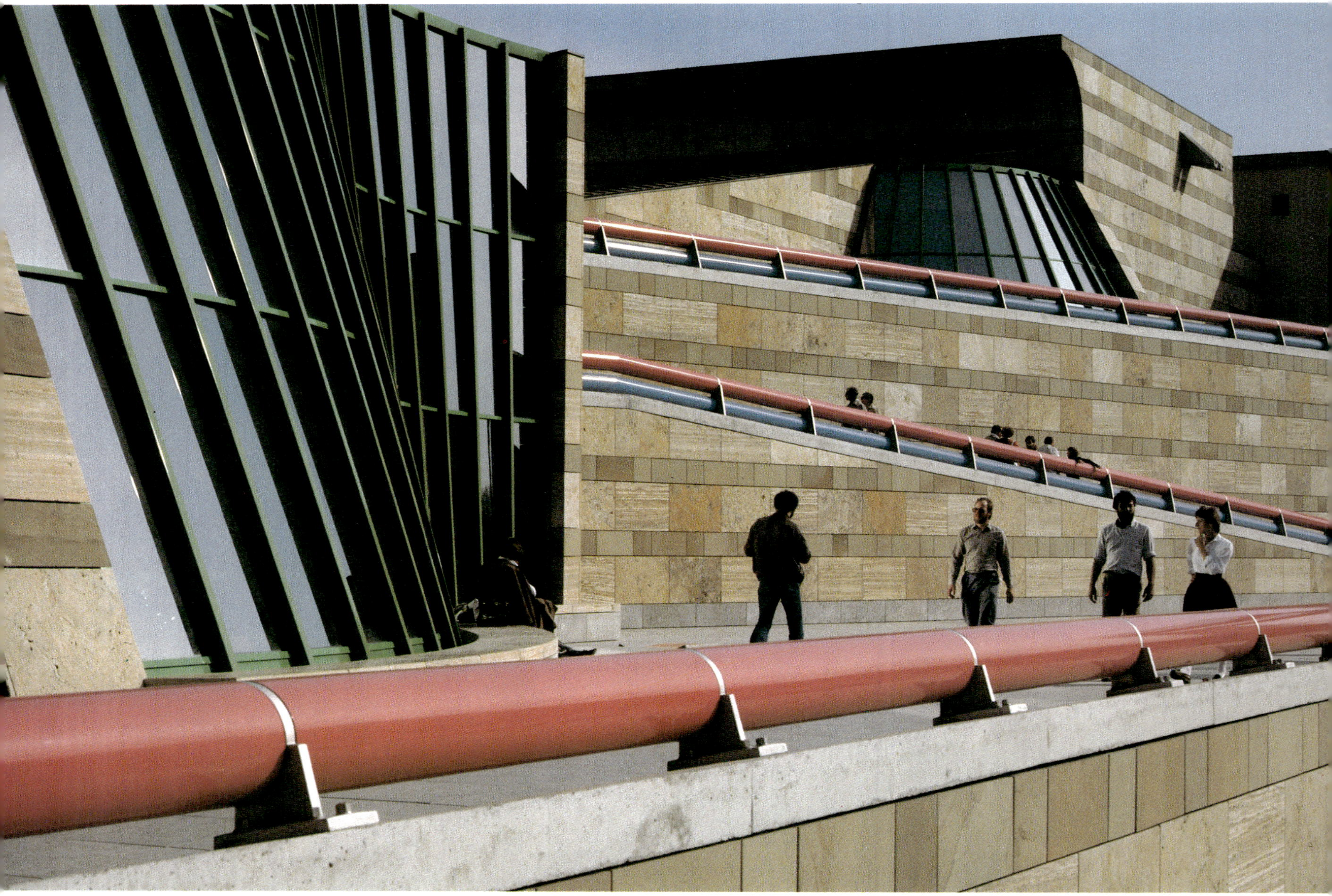

40 Neue Staatsgalerie an der Konrad-Adenauer-Straße

40 New State Gallery at the Konrad-Adenauer-Straße

40 La Nouvelle Galerie Nationale dans la rue Konrad-Adenauer-Straße

41 *Planetarium im Schloßgarten*

41 *Planetarium in the Castle Garden*

41 *Planétarium dans le Jardin du Château*

42 Ruine des Lusthauses im Schloßgarten

42 Ruin of the Pleasure House in the Castle Garden

42 Ruine de la Maison de Plaisance Lusthaus dans le Jardin du Château

43 Landespavillon an der Willy-Brandt-Straße

43 Land Pavilion at the Willy-Brandt-Straße

43 Landespavillon dans la rue Willy-Brandt-Straße

44 Wasserspiele im Schloßgarten

44 Waterworks in the Castle Garden

44 Jeux d'eau dans le Jardin du Château

45 Rasenschach im Mittleren Schloßgarten

45 Chess Pavement in the Central Castle Garden

45 Jeu d'échecs sur le gazon dans le Jardin du Château

46 Metall-Stelen an der Liederhalle

46 Metal Steles at the Concert Hall (Liederhalle)

46 Stèles de métal de l'auditorium Liederhalle

47 *Funkhaus, vom Park der Villa Berg aus gesehen*

47 *Broadcasting Center, seen from the Villa Berg's Park*

47 *Maison de la Radio vue du Parc de la Villa Berg*

48 Stadtansicht vom Eugensplatz aus

48 View of Town from the Eugensplatz

48 Vue de la ville de la place Eugensplatz

49 Auf dem Killesberg

49 On the Killesberg

49 Sur la colline Killesberg

50 Hanns-Martin-Schleyer-Halle

50 Hanns-Martin-Schleyer-Hall

50 La Halle Hanns-Martin-Schleyer

51 *Im Daimler-Benz-Museum* 51 *Inside the Daimler-Benz-Museum* 51 *Dans le Musée Daimler-Benz*

52 Mineralbad Leuze

52 Leuze mineral baths

52 Bain d'eaux minérales Leuze

53 In der Wilhelma

53 In the Wilhelma

53 Dans le jardin zoologique Wilhelma

54 Schloß Rosenstein

54 Rosenstein Castle

54 Le Château Rosenstein

55 Der Neckar bei Bad Cannstatt

55 The Neckar near Bad Cannstatt

55 Le Neckar près de Bad Cannstatt

56 Wein- und Brezelfest in Bad Cannstatt
57 Fruchtsäule und Riesenrad auf dem Cannstatter Wasen

56 Wine and Pretzel Festivity in Bad Cannstatt
57 Fruit Pillar and Ferris Wheel on Cannstatt's lawn Wasen

56 La Fête du Vin et des Bretzels à Bad Cannstatt
57 La colonne de fruits Fruchtsäule et la grande roue sur la place des fêtes Cannstatter Wasen

58 Musical Hall mit Hotelbauten in Möhringen

58 Musical Hall with hotels at Möhringen

58 Musical Hall avec hôtels à Möhringen

59 Im Gelände der Universität am Pfaffenwald

59 In the Area of the University at Pfaffenwald

59 Sur le campus de l'université au Pfaffenwald

60 Am Bärensee

60 The Bears' Lake

60 Le Lac des Ours

61 Schloß Hohenheim mit Botanischem Garten

61 Hohenheim Castle with Botanical Garden

61 Château Hohenheim avec Jardin Botanique

62 Rathaus Uhlbach mit dem Rotenberg

62 Uhlbach City Hall with the Rotenberg

62 Hôtel de Ville à Uhlbach et Rotenberg

63 *Segelboote auf dem Max-Eyth-See* 63 *Sailing Boats on Max-Eyth-Lake* 63 *Voilier sur le lac Max-Eyth-See*

64 Fernsehturm mit den Flaggen der Nationen

64 Television Tower with the Flags of the Nations

64 La Tour de Télévision avec les drapeaux des Nations

Erläuterungen zu den Bilder

1 Stiftskirche und Fruchtkasten
Im gläsernen Treppenhaus der Commerzbank spiegeln sich die Türme der Stiftskirche und der Giebel des Fruchtkastens, ein reizvoller Aspekt des alten und neuen Stuttgart. Die ältesten Teile der Stiftskirche wurden um 1175 erbaut, der gotische Chor vor 1350 angefügt, Langhaus und Westturm zu Beginn des 16. Jahrhunderts vollendet. In der Turmhalle des Südturms liegt das Grabmal Ulrich des Stifters und seiner Gemahlin von 1265. Nach den schweren Zerstörungen des letzten Krieges wurde der historische Bau wiederhergestellt. Der Stiftsfruchtkasten ist ein Werk des Renaissance-Baumeisters Heinrich Schickhardt und beherbergt heute das römische Lapidarium.

2 Fernsehturm, vom Bahnhofsplatz aus
Durch die metallisch glänzenden Entlüftungsrohre der Klett-Passage, die sich weitläufig unter dem Bahnhofsplatz erstreckt, sieht man auf das moderne Wahrzeichen der Stadt, den Fernsehturm.

Commentary to the photos

1 Collegiate Church (Stiftskirche) and Tithe Barn (Fruchtkasten)
The Commerzbank's glass stairway reflects the towers of the Collegiate Church (Stiftskirche) and the gabels of the Tithe Barn (Fruchtkasten). A delightful perspective of the old and new Stuttgart. The oldest parts of the Collegiate Church have been built around 1175, the gothic choir was attached before 1350, the nave and westtower have been completed in the beginning of the 16th century. In the southtower's hall lies the tomb of Ulrich the Donator and his wife from 1265. After the heavy destructions of the last war the historic building has been restored. The Collegiate Tithe Barn is a work of the renaissance-architect Heinrich Schickhardt and houses the roman Lapidary today.

2 Television Tower, seen from the Station Square
The Klett-Passage covers a wide area under the Station Square and through its metallic shimmering ventilation pipes you look upon Stuttgart's symbol, the Television Tower.

Légendes explicatives aux photos

1 Eglise collégiale (Stiftskirche) et la Halle à blé (Fruchtkasten)
Dans la cage vitrée de la banque «Commerzbank» se reflètent les tours de l'Eglise collégiale et le pignon de la maison appelée Fruchtkasten, une vue charmante du Stuttgart ancien et moderne. Les parts les plus anciennes de l'Eglise collégiale furent construites en 1175, le choeur gothique rajouté en 1350, la nef ainsi que la tour ouest furent achevées au début du 16e siècle. Dans la halle de la tour sud se trouve le tombeau d'Ulrich le Donateur et de son épouse, 1265. Après les vastes destructions de la dernière guerre, la construction historique fut restaurée. Le Stiftsfruchtkasten est une oeuvre de la Renaissance, de l'architecte Heinrich Schickhardt et héberge aujourd'hui le musée lapidaire, römisches Lapidarium.

2 Tour de Télévision vue de la Place de la Gare
A travers les tubes d'aération d'un brillant métallique du Klett-Passage, s'étendant vastement sous la Place de la Gare, la vue donne sur le signe moderne de la ville: la Tour de Télévision.

3 Bahnhofsturm, von der Königstraße aus

Den Gast, der mit der Bahn in die Landeshauptstadt kommt, begrüßt als erstes und bekanntestes Erkennungszeichen der 58 m hohe Turm des Hauptbahnhofs mit dem Mercedes-Stern. Der 1914 von Professor Bonatz begonnene und 1927 vollendete Bau gilt noch immer als klassisches Beispiel neuzeitlicher Zweckarchitektur.

3 Station Tower, seen from the Königstraße

The visitor who arrives by train is welcomed first by the Station Tower with the Mercedes Star, most famous symbol of the capital with a height of 58 m. The station building was constructed by Professor Bonatz from 1914 through 1927 and is still a classical example for functional architecture.

3 La Tour de la Gare, vue de la rue Königstraße

Le visiteur qui arrive par le train dans la capitale du Land, est salué tout premièrement par le signe de la ville: la Tour de la Gare de 58 m de hauteur, couronnée de l'étoile «Mercedes». La construction, commencée en 1914 par le Professor Bonatz et achevée en 1927 compte toujours comme exemple classique de l'architecture pratique des temps modernes.

4 Rathausturm und Kreuzigungsgruppe an der Leonhardskirche

Der weiße Turm des Rathauses, das 1953–56 anstelle des alten, zerstörten Baus von den Architekten Schmohl und Stohrer neu errichtet wurde, steht hier in hartem Kontrast zur gotischen Kreuzigungsgruppe vor der Leonhardskirche. Das Original dieses Bildwerks, 1501 von Meister Hans Seyfer geschaffen, befindet sich heute im Chor der Hospitalkirche. Die ausgezeichnete Nachbildung der Kreuzigung und der nahe gelegene Nachtwächterbrunnen schaffen inmitten des flutenden Verkehrs der Innenstadt einen intimen, stillen Bereich.

4 City Hall Tower and Crucifixion Group at Leonhard Church

The City Hall has been built in place of the old destroyed historical building by the architects Schmohl and Stohrer in the years of 1953–56. Its white tower stands in sharp contrast to the gothic Crucifixion Group in front of Leonhard Church. The original portrait of the Crucifixion Group which has been created by the master Hans Seyfer in 1501, is now situated in the choir of the Hospital Church. The excellent imitation of the crucifixion and the nearby situated Watchman Fountain constitute an intimate, quiet area amidst the floating traffic of the city.

4 Tour de l'Hôtel de Ville et Crucifixion à l'église Leonhardskirche

La Tour blanche de l'Hôtel de Ville – reconstruite entre 1953 et 1956 sur le terrain de l'ancien bâtiment détruit, réalisée par les architectes Schmohl et Stohrer – est un contraste dur avec la Crucifixion qui se trouve devant l'église Leonhardskirche. L'original de cette sculpture, crée par Hans Seyfer en 1501, se trouve aujourd'hui au choeur de l'Eglise collégiale. La copie excellente du crucifiement ainsi que la fontaine Nachtwächterbrunnen font naître le calme et la sérénité au sein de la circulation animée du centre ville.

5 Marktplatz mit Stiftskirche

Über dem bunten Getriebe des Wochenmarktes stehen schmalbrüstige Geschäftshäuser in wechselnden Pastellfarben, die nach dem Kriege anstelle der zerstörten Fachwerkbauten errichtet wurden. Vom Turm des Rathauses erklingt täglich zu verschiedenen Stunden das Glockenspiel.

5 Market-Place with Collegiate Church

The slender business houses in different pastel colours which have been built in place of the destroyed framework houses after the war, look down on the colourful hustle and bustle of the weekly market. Daily at different hours the chime arises from the City Hall Tower.

5 Place du Marché avec l'Eglise collégiale

Au-dessus de la vie animée du marché hebdomadaire se dressent les magasins étroits peints de couleurs pastel différentes, construits après la guerre, remplaçant les maisons à colombage. Les cloches de la Tour de l'Hotel de Ville carillonnent chaque jour à toute heure.

6 Türme der Stiftskirche mit Merkursäule
Vom Schloßplatz aus erblickt man in schöner Parallelität die gotischen Türme der Stiftskirche, nach 1945 liebevoll restauriert, und die schlanke Merkursäule an der Ecke der Alten Kanzlei. Der vergoldete Merkur, Sinnbild für den aufstrebenden Handel der Stadt, wurde 1862 nach dem Original von Giovanni da Bologna gegossen. Die 1543 erbaute Alte Kanzlei diente zwei Jahrhunderte lang als Sitz der Regierungsbehörden und beherbergt heute eine bekannte Gaststätte.

6 Towers of the Collegiate Church with Mercury Pillar
From the Castle Square the gothic towers of the Collegiate Church, carefully restored after 1945, and the slender Mercury Pillar at the corner of the Ancient Chancellery are seen in an harmonious symmetry. The gold-plated Mercury, a symbol of the city's uprising trade, has been cast after the original of Giovanni da Bologna in 1862. The Ancient Chancellery, built in 1543, was the seat of the government agencies for two centuries and nowadays gives place to a well-known restaurant.

6 Les Tours de l'Eglise collégiale avec Colonne de Mercure
De la Place du Château, on voit les tours gothiques de l'Eglise collégiale avec leur parallélité, restaurées soigneusement après 1945 et la colonne élancée avec la statue de Mercure au coin de l'Ancienne Chancellerie. Le Mercure doré, symbole du commerce croissant de la ville, fut coulé en 1862 d'après l'original de Giovanni da Bologna. L'Ancienne Chanchellerie, construite en 1543, servait pendant deux siècles de siège pour les autorités du gouvernement et héberge aujourd'hui un restaurant renommé.

7 Neues Schloß
Das barocke Schloß, 1746–1807 auf Initiative von Herzog Carl Eugen erbaut, wurde nach fast völliger Zerstörung wiederhergestellt und bildet mit dem Schloßplatz und dem anschließenden Schloßgarten die festliche Mitte der Stadt. Im berühmten Marmorsaal des Schlosses empfängt die Landesregierung bei besonderen Anlässen ihre Gäste. Von hier aus zieht sich über den Theatersee und den Unteren Schloßgarten ein langgestreckter Grüngürtel bis zum Neckar, zum Schloß Rosenstein, zur Wilhelma und weiter zum Killesberg.

7 New Castle
After nearly total destruction the baroque castle, built in 1746–1807 on the initiative of Duke Carl Eugen, has been restored. With the Castle Square and its adjoining Castle Garden it constitutes the festive center of the city. For special occasions the government of Baden-Württemberg welcomes its guests in the castle's famous Marble Hall. From the Theatre Lake and Lower Castle Garden a green band of meadows extends to the Neckar, to Rosenstein Castle and to the Wilhelma, reaching Killesberg.

7 Le Nouveau Château
Le château baroque, construit entre 1746 et 1807 à l'initiative du Duc Carl Eugen, fut reconstruit en 1964 après destruction quasi complète et forme avec la Place du Château et les Jardins le centre solennel de la ville. A l'occasion de réceptions particulières, c'est dans la célèbre «Salle de marbre» du château que le gouvernement du Land accueille ses invités.
D'ici, une ceinture verte s'étend vers le Lac du Théâtre et les jardins autour du château jusqu'au Neckar et, passant par Château Rosenstein et la Wilhema, jusqu'au Killesberg.

8 Abendstimmung am Charlottenplatz
Über dem breiten Dach des ehemaligen Waisenhauses ragen die Türme der Stiftskirche aus dem Dunkel auf. Die Innenstadt hat sich weitgehend geleert. Nur in den Vergnügungsvierteln herrscht bis tief in die Nacht noch lautes Leben.

8 Evening Mood at Charlottenplatz
Out of the dark the towers of the Collegiate Church rise above the broad roof of the former orphans' home. The city center is nearly almost empty. Now only in the nightclub districts the variegated life goes on until late at night.

8 Crépuscule à la Place Charlotte
Par dessus le large toit de l'ancien orphelinat se dressent les tours de l' Eglise collégiale qui sortent de l'obscurité. Le centre ville s'est vidé en grande partie. Ce n'est que dans les quartiers de plaisir que règne jusqu'au plus profond de la nuit une vie très animée.

9 Marktplatz mit Marktbrunnen und Stiftskirche

Der belebte Marktplatz, auf dem noch immer der Wochenmarkt abgehalten wird, erhielt einen neuen, liebenswerten Akzent durch die Aufstellung des Marktbrunnens. Sein Brunnenstock wurde 1804 von dem Bildhauer Thouret gegossen, die Platten des Brunnentrogs stammen aus dem Jahre 1714.

9 Market-Place with Market-Fountain and Collegiate Church

The lively Market-Place where the weekly market still is held, gained a new, lovable aspect by the arrangement of the Market-Fountain. Its column has been cast by the sculptor Thouret in 1804. The plates of the fountain's trough date back to the year 1714.

9 La Place du Marché avec fontaine et l'Eglise collégiale

La Place du Marché animée sur laquelle a toujours lieu le marché une fois par semaine, a reçu un nouvel accent aimable par l'installation de la fontaine du marché. Son tube fut coulé par le sculpteur Thouret en 1804, les parties du bac remontent à 1714.

10 Altes Schloß

Vom Fußgängersteg der Überführung aus, die die Landesbibliothek mit dem Akademiegarten verbindet, sieht man das Alte Schloß und die Stiftskirche in klarer Gliederung vor sich liegen. Das Alte Schloß war ursprünglich eine Wasserburg und wurde 1553–78 durch Herzog Christoph zum Renaissance-Schloß umgewandelt. Ein schwerer Brand von 1931 und die Kriegsschäden von 1944 vernichteten weite Teile des Bauwerks fast bis auf die Grundmauern. Heute beherrscht es mit seinen kräftigen Rundtürmen wieder das Bild der Innenstadt.

10 Ancient Castle

The viaduct's crossway which connects the State-Library and the Academy's garden gives a good view on the clear arrangement of the Ancient Castle and the Collegiate Church. The Ancient Castle originally was water-surrounded and has been transformed into a renaissance castle by Duke Christoph in 1553–78. A disastrous fire in 1931 and the war damages of 1944 demolished wide parts of it almost down to the foundation walls. Today with its round towers it dominates again the city's face.

10 L'Ancien Château

Du passage pour piétons, reliant la bibliothèque nationale aux Jardins de l'Académie, on voit directement l'Ancien Château et l'Eglise collégiale nettement distingués l'un de l'autre. L'Ancien Château, autrefois château fort entouré d'eau, fut transformé en château style Renaissance par le Duc Christophe entre 1553 et 1578. Un grand incendie en 1931 et les dommages de la guerre en 1944 ravageaient de grandes parties du bâtiment pratiquement jusqu'aux fondations. De nos jours il donne de nouveau l'image du centre ville par ses tours rondes.

11 Württembergischer Kronschatz im Alten Schloß

In den Räumen des Alten Schlosses werden heute die reichen Bestände des Württembergischen Landesmuseums ausgestellt – eine lückenlose kunstgeschichtliche Dokumentation der Geschichte Württembergs. Im Rundbau eines der Ecktürme befindet sich der

11 The Württemberg's Treasure of the Crown in the Ancient Castle

Today the rooms of the Ancient Castle are showing the rich inventary of the Württemberg's State-Museum – a complete documentation of Württemberg's history by means of art-history. The round building of one of the corner towers holds the king's crown of King

11 Trésor de la Couronne de Wurtemberg à l'Ancien Château

Dans les salles de l'Ancien Château on peut admirer l'important inventaire du musée Württembergisches Landesmuseum – une parfaite documentation de l'histoire de l'art de Wurtemberg. Dans la rotonde d'une tour d'angle, se trouve le Trésor de la Couronne

Kronschatz mit der Königskrone des letzten Herrschers des Landes, König Wilhelm II.

12 Turnierhof im Alten Schloß
Mit seinen dreistöckigen Arkaden bildet der Innenhof des Alten Schlosses, nach 1945 sorgfältig wiederhergestellt, ein Prunkstück der Renaissance-Baukunst. Hier finden den ganzen Sommer hindurch Serenadenkonzerte statt. In einer Ecke des Hofes steht das Reiterdenkmal des berühmten württembergischen Grafen Eberhard im Barte.

13 Mahnmal für die Opfer des Faschismus und Königsbau
Am neugestalteten Karlsplatz, dem Schloßplatz eng benachbart, erhebt sich das eindrucksvolle Mahnmal für die Opfer des Faschismus, aus mächtigen Granitblöcken aufeinandergeschichtet. Im Hintergrund erkennt man den klassizistischen Königsbau mit seinen Kolonnaden, in dessen Passage viele bekannte Geschäfte ihren Sitz haben. Er wurde 1857–60 erbaut und nach dem Kriege historisch getreu wiederhergestellt und säumt wirkungsvoll die Westseite des Platzes. Von hier aus gelangt man durch zahlreiche Niedergänge zum U-Bahnhof Schloßplatz, einem der Zentren des innerstädtischen Verkehrs.

14 Flohmarkt auf dem Schillerplatz
Mit dem Schiller-Denkmal von Thorwaldsen und den Türmen der gotischen Stiftskirche ist der Schillerplatz sicher einer der schönsten Plätze in Deutsch-

Wilhelm II, the last sovereign of this state.

12 Tournament Court in the Ancient Castle
With its three-storied arcades which have been carefully restored after 1945, the courtyard of the Ancient Castle represents a spectacular piece of renaissance architecture. Serenade concerts are given here during the entire summer. In one of the yard's corners stands the Horseman-Monument of Württemberg's famous Count Eberhard im Barte.

13 Memorial for the Victims of Fascism and Königsbau
At the newly arranged Karlsplatz, in the vicinity of the Castle Square stands the impressive Memorial for the Victims of Fascism, composed of mighty granite blocks. In the background the classicistic Königsbau with its colonnades is seen whose passage gives place to many well-known shops. It has been built in 1857–60 and restored in its exacte historical shape after the war. It dominates the westside of the Castle Square. Downstairs you reach the underground station Castle Square, one of the inner city traffic centers.

14 Flea-Market on Schillerplatz
The Schillerplatz with its Schiller-Monument and the towers of the gothic Collegiate Church is quite sure one of the most beautiful places in Ger-

avec la Couronne Royale du dernier souverain, le Roi Guillaume II.

12 Cour de Tournois à l'Ancien Château
Une préciosité du style Renaissance est la cour intérieure de l'Ancien Château avec ses arcades à trois étages, soigneusement restaurée après 1945. Des concerts en sérénade y ont lieu pendant tout l'été. Dans un coin de la cour se dresse le monument du célèbre Comte du Wurtemberg Eberhard im Barte à cheval.

13 Monument à la mémoire des victimes du fachisme et Königsbau
L'impressionnant monument à la mémoire des victimes du fachisme en bloc de granit s'élève sur la nouvelle place Karlsplatz près de la Place du Château. En arrière-plan on peut reconnaître le Königsbau en style classique avec ses colonnades parmi lesquelles se trouvent beaucoup de magasins connus. Il fut construit entre 1857 et 1860 et restauré fidèlement selon l'original après la guerre et ourle parfaitement le côté ouest de la place. D'ici, de nombreux passages souterrains mènent à la gare métropolitaine Schloßplatz, un des noeuds de la circulation urbaine.

14 Marché aux Puces sur la place Schillerplatz
La place Schillerplatz avec le monument de Schiller par Thorwaldsen et les tours de l'Eglise collégiale gothique est cer-

land. Der breite Giebel des Fruchtkastens, der ehemalige Prinzenbau und die Alte Kanzlei fassen das Geviert des Platzes ein, nach Süden bildet das Alte Schloß mit seinen mächtigen Rundtürmen die wirkungsvolle Kulisse. Wenn sich gelegentlich auf diesem historischen Platz die bunten Stände des Flohmarkts ausbreiten, gewinnt die Szene einen neuen unvermuteten Reiz. Noch fröhlicher geht es hier zu, wenn die Stuttgarter ihr Weinfest feiern und in den kleinen Lauben, auf den hölzernen Bänken weinselige Bürger sich beim Viertele mit Brezeln treffen. Kommunikation wird dann groß geschrieben.

many. The Tithe Barn's broad gable, the former Prince Palais and the Ancient Chancellery enframe the square; to the south the Ancient Castle with its mighty round towers is an impressive scenery. When sometimes on this historical square the flea-market's colourful boothes spread out, the scenery gets a new and unexpected charm. Even more frolicsome it becomes here when the Stuttgarters celebrate their wine festival and when the citizens sit together on wooden benches in small bowers by a glass of wine (»Viertele«) and Pretzels. Then the talk flows freely.

tainement une des plus belles places de l'Allemagne. Le large pignon du Fruchtkasten (la Halle à blé), l'ancien édifice des princes (Prinzenbau) et l'Ancienne Chancellerie encadrent le carré de la place. L'Ancien Château avec ses rotondes puissantes forme une coulisse impressionnante vers le sud. La scène est encore enrichie d'un nouvel attrait si, occasionnellement, les stands variés du marché aux puces sont dressés sur cette place historique. C'est encore plus amusant lorsque les habitants de Stuttgart y fêtent leur fête de vin dans les petits troquets sur des bancs en bois et des citoyens, amateurs de vin se rencontrent pour boire un quart de vin de pays et mangent des bretzels. Communication est alors écrite avec un grand C.

15 Kunstgebäude und Jubiläumssäule, gespiegelt
Im Fenster einer Boutique auf der Königstraße erblickt man, verwirrend gespiegelt, den winterlichen Schloßplatz mit der Jubiläumssäule und dem Kunstgebäude.

15 Art-Museum Kunstgebäude and Jubilee Column
A boutique's window shows an irritating reflection of the Castle Square in winter with the Jubilee Column and the Art-Museum.

15 Reflet du Musée d'Art Kunstgebäude et de la colonne de Jubilé
Dans la vitrine d'une boutique dans la rue Königstraße on aperçoit la Place du Château en hiver avec la colonne Jubiläumssäule et le Musée d'Art Kunstgebäude reflétés d'une manière floue.

16 »Größtes Gemälde« von Martin Disler im Kunstgebäude
Das Kunstgebäude am Schloßplatz, 1912 von Theodor Fischer erbaut, beherbergt die Ausstellungen des Württembergischen Kunstvereins und die Galerie der Stadt Stuttgart. Im hellen Saal des Anbaus war im Sommer 1981 das »größte Gemälde der Welt« zu sehen, das der Maler Martin Disler in zwei Nächten schuf.

16 »Greatest Picture« by Martin Disler in the Art-Museum Kunstgebäude
The Art-Museum Kunstgebäude at Castle Square, built in 1912 by Theodor Fischer, holds the expositions of the Capital's gallery. In the outbuilding's light hall the »World's Greatest Picture« created by the painter Martin Disler in two nights was exhibited.

16 La plus grande peinture par Martin Disler dans le Musée d'Art Kunstgebäude
Le Musée d'Art Kunstgebäude, Place du Château, construit en 1912 par Theodor Fischer, héberge les expositions de l'association de l'art du Wurtemberg et la Galerie de la Ville de Stuttgart. En été 1981, dans la salle lumineuse de l'annexe pouvait être vue «la plus grande peinture du monde» par le peintre Martin Disler qui la créa en deux nuits.

17 Kunstgebäude mit Bronzeplastik von Maillol

Vor dem Kunstgebäude werden in wechselnder Folge Beispiele moderner Kunst gezeigt. An schönen Tagen rückt das Café im Kunstgebäude seine Tischchen und Stühle in die Sonne hinaus.

18 Commerzbank mit Fruchtkasten

Das gläserne Treppenhaus der Commerzbank, Anfang der 70er Jahre von den Architekten Kammerer und Belz erbaut, bildet einen reizvollen Kontrast zur benachbarten Stiftskirche und dem Renaissance-Giebel des Fruchtkastens. In den gewinkelten Glasflächen spiegeln sich die historischen Bauten in überraschenden Perspektiven.

19 Im Schwabenzentrum

Die Innenstadt zwischen Eberhard- und Hauptstätterstraße erhielt durch die Errichtung des Schwabenzentrums ein neues architektonisches Gesicht. Aufgrund privater Initiative entstanden in mehrjähriger Bauzeit vier getrennte Blöcke, in denen sich Behörden, Büros, Einzelhandelsgeschäfte und gastronomische Betriebe verschiedener Art ansiedelten. Eine geräumige Tiefgarage und direkte U-Bahn-Anschlüsse machen dieses neue Einkaufszentrum, in unmittelbarer Nachbarschaft zu Rathaus und Markt, zu einem lebendigen Mittelpunkt der City.

20 Café am Königsbau mit Dresdner Bank

Die Kolonnaden des Königsbaus sind das ganze Jahr hindurch Treffpunkt der Bürger, vor allem junger Menschen, die sich hier im Schutze der Säulen

17 Art-Museum Kunstgebäude with Bronze Plastic by Maillol

In front of the Art-Museum Kunstgebäude alternating samples of modern art are shown. When weather is fine the cafe puts its tables and chairs outside.

18 Commerzbank with Tithe Barn

The Commerzbank's glass stairway, built in the beginning of the seventies by the architects Kammerer and Belz, stands in a delightful contrast to the neighbouring Collegiate Church and to the Tithe Barn's renaissance gable. In the angled glass areas the historical buildings are reflected in surprising perspectives.

19 Inside the »Schwabenzentrum«

The city center between »Eberhard- and Hauptstätterstraße« has got a new architectural appearance by the construction of the »Schwabenzentrum«. By reason of private initiative, in the course of several years, four separate blocks were built, which now house administrative bodies, offices, retail shops, and gastronomic businesses of various kinds. A large underground car park and direct underground railway connections make this new shopping-center right next to the town hall and the market place a lively central point of the city.

20 Königsbau Cafe with Dresdner Bank

The Königsbau's colonnades are all year through a meeting point of the citizens, mainly of the young people, who sit together here, discussing and singing

17 Musée d'Art Kunstgebäude avec plastique bronze par Maillol

Des exemples d'art moderne sont exposés à tour de rôle devant le musée Kunstgebäude. S'il fait beau, le café du musée devient café-terrasse.

18 Banque Commerzbank avec Fruchtkasten (la Halle à blé)

La cage vitrée de la banque Commerzbank construite au début des années 70 par les architectes Kammerer et Belz, offre un contraste attirant avec l'Eglise collégiale avoisinante et avec le pignon style Renaissance du Fruchtkasten. Dans les vitres à angles se reflètent les édifices historiques et montrent des perspectives surprenantes.

19 A l'intérieur du »Schwabenzentrum«

Le centre ville entre »Eberhard- et Hauptstätterstraße« a reçu une nouvelle physionomie architecturale par la construction du »Schwabenzentrum«. En raison d'initiative privée quatre patés de maisons séparés ont été construits durant plusieurs années, où s'établissèrent des services publics, des bureaux, des magasins de détail et des entreprises gastronomiques différents. Un garage souterrain spacieux et des correspondances directes à le métro rendent ce nouveau centre commercial tout près de la mairie et du marché un endroit plein de vie dans le centre ville.

20 Café du Königsbau avec la banque Dresdner Bank

Les colonnades du Königsbau sont toute l'année durant un lieu de rencontre pour les citoyens en particulier pour les jeunes qui aiment s'asseoir à l'abri

zusammensetzen, diskutieren und singen. An warmen Sommertagen stellt ein Café seine Tische weit hinaus aufs Pflaster der Fußgängerzone. Die Stuttgarter sitzen dann ungezwungen bei Eis oder Kuchen im Freien und genießen südliche Lebensart.

21 Königsbau und Mobile von Calder
Die Fußgängerzone, die sich vom Hauptbahnhof über den Schloßplatz bis zum Wilhelmsbau und zur Marienstraße erstreckt, ist aufgelockert durch Bäume und Brunnen, Sitzecken und gläserne Telefonhäuschen, kleine Cafés und Erfrischungsstände und immer wieder moderne Skulpturen. Beherrschend steht vor dem Königsbau ein großes, farbiges Mobile von Alexander Calder. Dicht benachbart trifft man auf drei Bronzefiguren des Bildhauers Professor Alfred Hrdlicka.

22 Spiegelung des Rathausturmes
In der Fensterfront eines bekannten Stuttgarter Spezialgeschäftes spiegelt sich der weiße Rathausturm.

23 Innenhof der Karls-Passage
Als attraktiver Treffpunkt für die Besucher der City entstand im Zentrum des Kaufhauses Breuninger die »Karls-Passage« – ein idealer Durchgang von der Markt- zur Sporerstraße, zugleich ein Platz von besonderem Flair mit Café und Bistro und vielerlei Veranstaltungen auf der originell gestalteten Rundfläche des Innenhofes, auf den man aus vier Etagen hinabblickt.

under the pillars. At warm summer days a cafe spills out its tables and chairs into the pedestrian area.

21 Königsbau and Mobile by Calder
The pedestrian area which spreads from the station to Castle Square, to Wilhelmsbau and to Marienstraße is broken up with trees and fountains, sitting corners and glass phone boothes, small cafes and refreshment stands and inbetween with modern sculptures. Alexander Calder's great and colourful mobile stands dominating in front of the Königsbau. Nearby you meet the three bronze figures by the sculptor professor Alfred Hrdlicka.

22 Reflection of the City Hall Tower
The white City Hall Tower is reflected in the window front of a famous Stuttgarter out-line shop.

23 Inner courtyard of the Karls-Passage
The Karls-Passage in the centre of Kaufhaus Breuninger has become an attractive meeting-point for the visitors of the city. It is an ideal passage from Markt- to Sporerstraße and also a place of special atmosphere with Cafe and Bistro and all kinds of events on the original round of the courtyard which is visible from four storeys.

des colonnes, aiment discuter et chanter. Par de belles journées estivales, un café place ses tables sur le macadam de la zone piétonnière. Les habitants de Stuttgart y sont installés à l'aise et mangent des glaces ou des gâteaux et jouissent ainsi d'un mode de vie des pays du sud.

21 Königsbau et mobile de Calder
La zone piétonnière qui va de la gare par la Place du Château jusqu'à l'édifice Wilhelmsbau et jusqu'à la rue Marienstraße est assouplie par des arbres et des fontaines, des bancs et des cabines téléphoniques en verre, des petits cafés et des stands de boissons et toujours des sculptures modernes. C'est d'une façon dominante que s'élève devant le Königsbau un grand mobile coloré d' Alexander Calder. Tout près se trouvent aussi trois figures en bronze du sculpteur Prof. Alfred Hrdlicka.

22 Reflet de la Tour de l'Hôtel de Ville
La Tour blanche de l'Hôtel de Ville se reflète dans la vitrine d'un magasin spécialisé connu à Stuttgart.

23 Cour intérieure de la galerie Karls-Passage
La galerie Karls-Passage au centre du grand magasin Breuninger est devenue un lieu de rendez-vous attrayant pour les visiteurs du centre ville – un passage idéal de la rue Marktstraße à la rue Sporerstraße et en même temps une place d'un flair particulier avec café et bistro. Sur le rond original de la cour intérieure qu'on peut voir de quatre étages du magasin se passent toutes sortes de représentations culturelles.

24 Hauptbahnhof mit Hochhäusern
Dem Reisenden bietet sich aus der Halle des Hauptbahnhofs dieser Blick auf die Hochhäuser an der Friedhofstraße. Bei der Abreise sieht er dann zur Linken den gläsernen GENO-Bau an der Heilbronner Straße liegen, zur Rechten den grünen Bezirk des Unteren Schloßgartens.

24 Main Railway Station with multistoried buildings
The arriving traveller finds this view upon the multistoried buildings at Friedhofstraße. On the departure he sees the GENO-Building at Heilbronner Straße to the left and to the right the green area of the Lower Castle Garden.

24 Gare Centrale avec immeubles
Le regard du voyageur dans le hall de la gare, tombe sur les immeubles de la rue Friedhofstraße. En quittant la ville il a à la gauche le bâtiment vitré GENO dans la rue Heilbronner Straße et à droite le quartier vert du jardin Unterer Schloßgarten.

25 An der Friedrichstraße
Als Teil einer vielbefahrenen Nord-Süd-Rings um den Hauptbahnhof ragen die Bauten der Hotels und Bürohäuser als charakteristische Kulisse auf. Während die nahe Friedrichstraße bereits einen geschlossenen architektonischen Eindruck vermittelt, erhält die Heilbronner Straße erst langsam ihr gültiges neues Gesicht.

25 At the Friedrichstraße
As a part of the north-south-axis with much traffic the Friedrichstraße leads from the railway station into the Theodor-Heuss-Straße. Near the America-House a glass crossway above four broad traffic lanes connects its sidewalks. Aviation offices, administration buildings and the Twin-Sky-Scraper of the Technical University determine here the sight of the inner city.

25 Dans la rue Friedrichstraße
La rue Friedrichstraße, axe nord-sud très circulé, mène de la gare à la rue Theodor-Heuss-Straße. Une passerelle vitrée pour piétons enjambe vers la maison Amerikahaus les quatre voies larges. L'image du centre ville est déterminé ici par les compagnies aériennes, les bureaux administratifs et les immeubles jumeaux de l'Université Technique.

26 Klett-Passage mit Aufgang zur Königstraße
Unter dem Vorplatz des Hauptbahnhofs liegt mit drei Untergeschossen die nach dem früheren Oberbürgermeister Arnulf Klett benannte Passage, von der aus man zu den Bahnsteigen der U-Bahn und der Stadtbahn gelangt. Ein breites Rollband, hier eingespiegelt in der Scheibe eines Geschäfts, bringt die Fußgänger hinauf in die Königstraße.

26 Klett Passage with Staircase up to Königstraße
Under the Station Square lies the three-storied Klett Passage, which is named after the former Lord Mayor Arnulf Klett. From here you reach the underground and city railway's platforms. A broad conveyor – here seen as a reflection in a shop's window – carries pedestrians upstairs to the Königstraße.

26 Passage Klett avec escalier à la rue Königstraße
Sous la Place de la Gare passe, à trois niveaux, le Passage Klett nommé d'aprés l'ancien Maire Arnulf Klett. Un accès est possible aux quais du métro, des trains Stadtbahn, un large tapis roulant se reflétant dans la vitrine d'un magasin amène les piétons dans la rue Königstraße.

27 In der Königstraße
Seit die Königstraße in ihrer ganzen Ausdehnung zur Fußgängerzone umgewandelt wurde, ist sie mehr noch als früher zur bei Tag und Nacht belebten Haupteinkaufsstraße der City geworden. Bekannte Spezialgeschäfte und mehrere Kaufhäuser sind hier angesiedelt.

27 In the Königstraße
Since the Königstraße in its total extension has been converted into a pedestrian area, it has become more than ever the city's main shopping center, a busy street by day and night with famous out-line shops and many big stores.

27 Dans la rue Königstraße
Depuis la transformation de la rue Königstraße en une zone piétonnière, elle est beaucoup plus animée qu'autrefois le jour et la nuit et est devenue la rue commerciale principale de la ville. Des magasins spécialisés connus et plusieurs grands magasins s'y sont installés.

28 Spielende Kinder auf der Königstraße
Charakteristisch für das neue Erscheinungsbild der Stadt ist diese Szene: Eine Gruppe von Kindern spielt und singt auf dem Pflaster der Fußgängerzone. An anderen Stellen der Königstraße trifft man Musikanten, malende Künstler, eifrige Prediger mit einem Kreis andächtiger Zuhörer, Familien ausländischer Arbeiter mit ihren Kindern, die auf den Bänken ausruhen und ihr Eis essen, verliebte Paare, Jugendliche, die einer Rockband lauschen, einkaufende Hausfrauen, Spaziergänger und Besucher aus vielen Ländern der Erde.

29 Boutiquen und Spiegelung an der Königstraße
Auch wenn einige bekannte Geschäfte in die Calwer Passage oder an andere Stellen der City abgewandert sind, bleibt die Königstraße mit ihren vielen Einkaufsmöglichkeiten doch die bevorzugte Flanierstraße der Stadt. In den gläsernen Ladenfronten spiegelt sich die bunte Menge der Fußgänger.

30 Fachwerkhäuser an der Calwer Straße
Die Calwer Straße, parallel zur Königstraße verlaufend, behielt als einziger Straßenzug der Innenstadt wenigstens teilweise ihr historisch gewachsenes Bild. Die alten Fachwerkhäuser wurden liebevoll restauriert, einige von ihnen auch in moderner Form verändert.

31 In der Calwer Passage
Eine Attraktion besonderer Art ist die neugeschaffene Calwer Passage, die zum Vorbild für weitere ähnliche Ein-

28 Playing children in the Königstraße
This scene is characteristic for the city's new image: A group of children is playing and singing on the pedestrian area's pavement. At other points of the Königstraße you will meet musicians, painting artists, eager preachers surrounded by a circle of devout listeners, foreign worker families with their children who are relaxing on the benches with their ice-cream, couples in love, young people who are listening to the sound of a rockband, shopping housewives, walkers and visitors from many countries.

29 Boutiques and reflection on the Königstraße
Although some of the famous shops have moved to the Calwer Passage or other places of the city, the Königstraße with its many shopping facilities remains the city's preferred boulevard. The shops' glass fronts reflect the mixed crowd of pedestrians.

30 Framework houses at the Calwer Straße
The Calwer Straße which runs parallel to the Königstraße, is the only street in the city that kept at least partly its historically grown feature. The old framework houses have been carefully restored; some of them have been transfigured into a modern form.

31 In the Calwer Passage
An attraction of a special nature is the recently created Calwer Passage which became an example for similar shopping

28 Des enfants jouant dans la rue Königstraße
Ce qui est caractéristique pour l'image de la ville c'est la scène suivante: Un groupe d'enfants joue et chante sur le macadam de la zone piétonnière. A d'autres places de la rue Königstraße on rencontre des musiciens, des artistes, peintres, des prédicateurs zélés encerclés d'auditeurs pieux, des familles des travailleurs étrangers avec leurs enfants se reposant sur les bancs et mangeant leur glace, des couples amoureux, des jeunes gens écoutant un orchestre de rock, des maîtresses de maison faisant leurs courses, des promeneurs et des visiteurs de beaucoup de pays du globe.

29 Boutiques et reflet dans la rue Königstraße
Même si quelques magasins connus ont déménagé dans le Passage Calwer ou à d'autres endroits de la ville, la rue Königstraße reste tout de même la rue préférée pour flâner avec ses nombreuses possibilités d'achats. La foule variée des piétons se reflète dans les vitrines des magasins.

30 Les maisons à colombage de la rue Calwer Straße
La rue Calwer Straße, parallèle à la rue Königstraße était la seule du centre ville à conserver au moins en partie son image historique. Les vieilles maisons à colombage furent soigneusement restaurées, certaines parmi elles changées en forme moderne.

31 Dans le Calwer Passage
Une attraction particulière est le nouveau Calwer Passage qui fut le modèle de centres commerciaux pour d'autres

kaufszentren in deutschen Städten wurde. Unter dem hohen Glasdach kann man ungehindert von Schlechtwetter und Regen schlendern und einkaufen.

32 Treffpunkt Rotebühlplatz
Im neu erbauten Kulturzentrum am Rotebühlplatz sind auf lebendige Weise Volkshochschule, Musikschule, Seniorentreff und Kindertreff, eine Mediothek und Berufsschulen miteinander vereint. Die äußerlich spröde Architektur wird aufgelockert durch das offene Treppenhaus mit zahlreichen Aufgängen und Galerien der unterschiedlichen Institutionen, die von der Bevölkerung erfreulich positiv angenommen wurden.

33 L-Bank mit Friedrichsbau
Der interessant gegliederte Neubau der Landeskreditbank Baden-Württemberg an der Friedrichstraße setzt einen bestimmenden Akzent im Herzen der Stadt. In seiner Rotunde residiert jetzt das Varieté-Theater Friedrichsbau, das die Tradition des einst berühmten, im Kriege zerstörten Varietés wieder aufnimmt.

34 Im Hegelhaus
In dem schlichten Bürgerhaus an der Eberhardstraße 53 wurde im Jahre 1770 der Philosoph Friedrich Hegel geboren. Ein kleines Museum erinnert an diesen bedeutenden Sohn der Stadt, zu dessen Ehren an verdiente Wissenschaftler der Hegelpreis verliehen wird. – Mit liebenswürdiger Untertreibung sagt man in Schwaben: »Der Schiller und der Hegel, der Uhland und der Hauff, das ist bei uns die Regel, das fällt uns gar nicht auf.«

centers in german cities. Under the high glass roof you can stroll and shop without haste and undisturbed by bad weather and rain.

32 Meeting-point Rotebühlplatz
In the new cultural centre at the Rotebühlplatz an adult evening school, a school of music, a meeting place for children as well as for senior citizens, a library with modern media and a vocational school have been lively combined. The brittle external architecture has been loosened up by an open hall with numerous staircases and galleries of the different institutions which have been pleasingly accepted by the population.

33 L-Bank with Friedrichsbau
The interestingly structured new building of the Landeskreditbank Baden-Württemberg (Credit Bank of the Land Baden-Württemberg) at the Friedrichstraße marks a dominating accent in the heart of the city. In its »Rotunde« (round tower) the variety theatre Friedrichsbau revived the tradition of the once famous variety theatre which was destroyed in the war.

34 In the Hegel Museum
The philosopher Friedrich Hegel was born in 1770 in this simple house at Eberhardstraße 53. A small museum reminds of this important citizen. As a honour for him distinguished scientists are granted the Hegel-award. With kind understatement Swabian people use to say that people of genuis like Schiller and Hegel, Uhland and Hauff are almost the rule and nothing unusual in their country.

villes allemandes. Protégé par le toit vitré, il est possible de flâner, de faire ses courses par mauvais temps et pluie.

32 Lieu de rendez-vous Rotebühlplatz
Dans le nouveau centre culturel à la place Rotebühlplatz une université populaire, une école de musique, des lieux de rendez-vous pour les enfants et pour le troisième âge, une médiothèque et des écoles d'apprentissage sont réunis de façon vivante. L'architecture extérieure aride a été égayée par un hall d'entrée disposant de nombreux escaliers et galeries. Ces galeries hébergent de différentes institutions qui ont connu un grand succès auprès du public.

33 L-Bank avec Friedrichsbau
Le nouveau bâtiment de la Landeskreditbank (Caisse de crédit du Land Baden-Württemberg) dans la rue Friedrichstraße signifie un accent dominant au coeur de la ville. Sa rotonde héberge maintenant le théâtre des variétés Friedrichsbau qui fait ressusciter l'ancien variété qui, avant d'être détruit dans la guerre, résidait au même lieu.

34 Dans le musée Hegel
En 1770 le philosophe Friedrich Hegel naquit dans cette maison simple dans la rue Eberhardstraße numéro 53. Un petit musée est consacré à la mémoire de cet éminent fils de la ville; pour son honneur le prix Hegel est conféré aux scientifiques reconnus. En Souabe on aime dire avec une note d'ironie amène que, dans leur pays, des génies comme Schiller, Hegel, Uhland et Hauff sont la règle et non l'exception.

35 Auf dem Hoppenlau-Friedhof
Nicht weit vom völkerkundlichen Linden-Museum liegt verborgen an der Rosenbergstraße der stille Bezirk des Hoppenlau-Friedhofs, des ältesten der Stadt. Er besteht seit 1626. Unter den schönen Grabsteinen ruhen viele bekannte Stuttgarter Bürger, so die Dichter Wilhelm Hauff, Gustav Schwab und Christian Friedrich Daniel Schubart und der Bildhauer Johann Heinrich Dannecker.

36 Willy-Reichert-Staffel an der Karlshöhe
Von der Humboldtstraße führt diese steile Staffel auf die 342 m hohe grüne Karlshöhe. »Staffeln«, »Steigen« und »Halden« erinnern als Bestandteil vieler Straßennamen daran, daß Stuttgart einst von Weinberglagen umgeben war. Die bekanntesten unter ihnen sind die Alte und Neue Weinsteige. Die Willy-Reichert-Staffel ist nach dem 1973 verstorbenen Volksschauspieler benannt, der ein unvergleichlicher Darsteller knitzen schwäbischen Humors war.

37 Weinberge auf der Karlshöhe
Mit Weingärten, schönen Spazierwegen und einer Aussichtsplattform liegt die Karlshöhe dicht bei der City. Von einer Cafeteria aus blickt man hinab auf die Stadt im Talkessel mit ihren Türmen und hinüber zum Fernsehturm auf dem Hohen Bopser. Es ist eine der Besonderheiten Stuttgarts, daß noch heute die Weinberge bis unmittelbar ans Stadtzentrum reichen, so beim Hauptbahnhof an den Hängen der Mönchhalde und an der Neuen Weinsteige, einer der wichtigsten Einfallstraßen der Stadt.

35 In the Hoppenlau-Graveyard
Not far from the ethnological Linden-Museum at Rosenbergstraße lies hidden the quiet district of the city's oldest graveyard: the Hoppenlau-Graveyard. It has existed since 1626. Under its beautiful gravestones rest many famous citizens as for instance the poets Wilhelm Hauff, Gustav Schwab and Christian Friedrich Daniel Schubart as well as the sculptor Johann Heinrich Dannecker.

36 Willy-Reichert-Staffel at Karlshöhe
From the Humboldtstraße this steep »Staffel« (stairsteps) leads up to the Karlshöhe with an altitude of 342 m. The words »Staffeln«, »Steigen« and »Halden« as a part of many street names remind that in former times Stuttgart was surrounded by vineyards. The famous ones are the Alte and Neue Weinsteige. The Willy-Reichert-Staffel was named after the folkplay-actor who died in 1973 and was a unique performer of the roguish swabian humour.

37 Vineyards on the Karlshöhe
With its vineyards, beautiful footpathes and a view platform the Karlshöhe lies next to the city. From a cafeteria you look below upon the city in the valley with its towers and over to the Television Tower on the Hoher Bopser. It is one of Stuttgart's peculiarities that until today the vineyards reach down to the city, so at the main railway station on the slopes of the Mönchhalde and at the Neue Weinsteige, one of the city's most important arterial roads.

35 Le cimetière Hoppenlau
A proximité du musée ethnique Linden-Museum se trouve caché le quartier tranquille du cimetière Hoppenlau dans la rue Rosenbergstraße, le quartier le plus ancien de la ville. Il existe depuis 1626. Beaucoup de citoyens célèbres de Stuttgart reposent sous ces belles pierres tombales comme les poètes Wilhelm Hauff, Gustav Schwab et Christian Friedrich Daniel Schubart et le sculpteur Johann Heinrich Dannecker.

36 Willy-Reichert-Staffel à la colline Karlshöhe
Cet escalier mène de la rue Humboldtstraße à la colline verte Karlshöhe d'une altitude de 342 m. Staffeln, Steigen (chemins raides) et Halden (versants), ces mots sont souvent un composé dans les noms de rues et rappellent que jadis Stuttgart était entouré de vignobles. Les plus connus parmi eux sont la Alte Weinsteige et la Neue Weinsteige. La Willy-Reichert-Staffel a été nommée d'après l'acteur populaire décédé en 1973 qui fut un interprète incomparable de l'humour de la Souabe.

37 Vignobles sur la colline Karlshöhe
La colline Karlshöhe avec ses vignobles, ses belles promenades et sa plate-forme point de vue, est près de la ville. D'une caféteria on a la vue sur la ville située dans la cuvette de la vallée avec ses tours et au-delà sur la Tour de Télévision sur le Hohe Bopser. C'est une des particularités de Stuttgart que les vignobles, aujourd'hui encore, atteignent presque le centre ville ainsi par exemple à la gare centrale sur les versants de la Mönchhalde et à la Neue Weinsteige, une des routes d'entrée les plus importantes.

38 Bertoni-Skulptur am Schauspielhaus
Zwischen dem Kleinen Haus des Staatstheaters, das 1962 neu erbaut wurde, und dem Schloßgarten-Hotel dehnt sich der grüne Bezirk des Schloßgartens aus, hier mit einer Metallplastik von Bertoni. Das Schauspielhaus bietet mit seinen modernen Inszenierungen und Diskussionsabenden, mit Aufführungen, die auch ins Foyer übergreifen, und mit Experimentalstücken im Kammertheater ein abwechslungsreiches Programm.

38 Bertoni-Sculpture at the Playhouse
The Castle Garden's green area spreads between the Little House of the State Theater, which has been rebuilt in 1962, and the Castle Garden Hotel; here you find a metal plastic by Bertoni. The Playhouse presents a variegated program with its modern productions and discussion evenings, with performances which sometimes even spread to the foyer and with its experimental plays in the Chamber Theatre.

38 Sculpture Bertoni au Théâtre
Entre la petite salle du Théâtre National Kleines Haus reconstruite en 1962 et l'Hôtel Schloßgarten s'étend le quartier vert du Jardin du Château et avec un plastique métal de Bertoni. Le théâtre offre un programme richement varié avec ses mises en scène modernes et ses soirées de discussion, avec ses spectacles incorporant aussi le foyer et avec des pièces expérimentales dans le Théâtre de Chambre.

39 Staatstheater Großes Haus
Der klassizistische Bau des Opernhauses, das »Große Haus« des Staatstheaters, wurde 1912 von Max Littmann errichtet. Seine noble Atmosphäre wird besonders spürbar, wenn an warmen Sommerabenden das Publikum einer festlichen Aufführung über die Freitreppe hinaus zum Theatersee geht. Viele bedeutende Namen verbinden sich mit der Stuttgarter Oper und ihrem Ballett: Wieland Wagner, der hier zwanzig Aufführungen inszenierte, Carl Orff, dessen Werke fast alle hier uraufgeführt wurden, und John Cranko, der das Stuttgarter Ballett zu Weltruhm führte.

39 State Theatre Big House
The classicistic building of the Opera, the Big House of the State Theatre, has been built in 1912. Its noble atmosphere is especially perceived on warm summer evenings, when the audience comes outside and walks down the flight of outdoor stairs to the Theatre Lake. Many famous names are connected with Stuttgart's Opera and Ballet: so as Wieland Wagner who performed twenty plays here, Carl Orff, whose works nearly all have been shown here for the first time and John Cranko who led Stuttgart's Ballet to worldwide fame.

39 Théâtre National Grande Salle
La construction classique de l'Opéra, la grande salle Großes Haus du Théâtre National, fut érigée en 1912 par Max Littmann. Son atmosphère noble se ressent particulièrement aux soirées d'été chaudes lorsque le public d'un spectacle solennel va par l'escalier perron au lac. Beaucoup de noms importants se joignent à l'Opéra de Stuttgart et à son Ballet: Wieland Wagner qui mit en scène 20 spectacles, Carl Orff dont les Premières des oeuvres eurent lieu presque toujours ici et John Cranko qui mena le Ballet de Stuttgart à son succès mondial.

40 Neue Staatsgalerie an der Konrad-Adenauer-Straße
Als viel diskutierter Neubau der Innenstadt wurde im Jahre 1984 die erweiterte Staatsgalerie eröffnet. Nach den Plänen von James Stirling entstand hier eine phantasievolle Lösung für große, lichterfüllte Ausstellungsräume, zugleich für das Kammertheater des Schauspiel-

40 New State Gallery at the Konrad-Adenauer-Straße
The controversial new building of the enlarged State Gallery was opened in 1984. After the plans of James Stirling an imaginative solution has been realized here. It allows the coexistence of the large light exhibition rooms with the Chamber Theatre of the Playhouse and

40 La Nouvelle Galerie Nationale dans la rue Konrad-Adenauer-Straße
En 1984, accompagné de vives discussions, le nouveau bâtiment de la Galerie Nationale a été ouvert au public. Une solution pleine de fantaisie fut réalisée par James Stirling, destinée à de grandes salles lumineuses d'exposition en même temps pour le Théâtre de

hauses und für Bereiche der Musikhochschule. Verkleidet mit Cannstatter Travertin und Schilfsandstein bestimmen die kurvenreichen Flächen dieses originellen Bauwerks das Bild der Konrad-Adenauer-Straße. Daneben entstand als letztes Projekt Stirlings die neue Musikhochschule mit ihrem beherrschenden Rundturm.

with parts of the Academy of Music in one building. This ingenious building with its shapely surface out of Cannstatter travertin and reed sandstone molds the image of the Konrad-Adenauer-Straße. Next to it the new Academy of Music with its dominating round tower was built as the last of James Stirling's projects.

Chambre et aussi pour le Conservatoire. Revêtues de travertin venant de Cannstatt et grès coquillé, les surfaces courbées de cet édifice extraordinaire déterminent l'image de la rue Konrad-Adenauer-Straße. Comme dernier projet de Stirling le nouveau Conservatoire de musique, marqué par une rotonde dominante, est en train d'être construite.

41 Planetarium im Schloßgarten
Getragen von einer pyramidenförmigen Stahlkonstruktion steht am Rande des Schloßgartens das Planetarium, 1977 eröffnet, eines der modernsten der Welt, konzipiert und erbaut von Architekt Wilfried Beck-Erlang. Eine computergesteuerte Zeitmaschine (Modell Zeiss VI A) erlaubt die Darstellung des gesamten Sternenhimmels zu jeder beliebigen Zeit, heute oder im Jahr 2000. Durch ungeheure Zeitraffung sieht man die Planeten durch die Sternbilder laufen und Sonne, Mond und Sterne ihre Positionen verändern. Selbst Mond- und Marslandungen lassen sich simulieren.

41 Planetarium in the Castle Garden
The Planetarium, carried by a pyramid-shaped fine steel construction, stands at the edge of the Castle Garden. It is among the most modern ones in the world, conceived and built by the architect Wilfried Beck-Erlang and opened in 1977. A computer controlled time machine (Zeiss-Model VI A) allows the reproduction of the total firmament of any time, of today or of the year 2000. Through enormous quick-motion effects the celestial motions are becoming visible. Even touchdowns on the moon and on Mars can be simulated.

41 Planétarium dans le Jardin du Château
Porté par une construction d'acier en forme de pyramide, le Planétarium, ouvert en 1977, se trouve au bord du Jardin du Château, un des plus modernes du monde conçu et construit par l'architecte Wilfried Beck-Erlang. Une pendule à commande par ordinateur (modèle Zeiss A VI) permet la figuration de tout le firmament à tout moment désiré, aujourd'hui ou en l'an 2000. En accélérant énormément le temps, on voit passer les planètes par les constellations et on voit le soleil, la lune et les étoiles changer leurs positions. Il est même possible de simuler les atterrissages sur la lune et sur Mars.

42 Ruine des Lusthauses im Schloßgarten
Als Reminiszenz an die höfische Zeit steht im Mittleren Schloßgarten die Ruine des herzoglichen Lusthauses. Der edle Renaissancebau, 1580–93 von Baumeister Georg Beer errichtet, stand ursprünglich am Schloßplatz. Er wurde 1846 abgebrochen, seine Reste versetzte man 1904 an ihren jetzigen Standort.

42 Ruin of the Pleasure House in the Castle Garden
As a reminiscence of the courtly time the ruin of the duke's Pleasure House stands in the Central Castle Garden. The noble renaissance building, constructed by the architect Georg Beer in 1580–93 originally stood at Castle Square. It has been torn down in 1846. The relics have been reconstructed at their present position in 1904.

42 Ruine de la Maison de Plaisance Lusthaus dans le Jardin du Château
En tant que réminiscence à l'époque courtoise se trouvent au milieu du jardin du Château les restes de la maison de plaisance ducale. Ce bâtiment en style Renaissance construit entre 1580 et 1593 par Georg Beer se trouvait autrefois sur la Place du Château. Il fut détruit en 1846, ses restes furent déplacés en 1904 à l'endroit actuel.

43 Landespavillon an der Neckarstraße
Ein spitz zulaufendes gelbes Zeltdach signalisiert dem Besucher dieses Informationszentrum des Landes Baden-Württemberg. Hier finden wechselnde Ausstellungen und Vorträge statt. Auf Knopfdruck kann man sich Filme über Land und Leute vorführen lassen. Neben dem Planetarium bildet der Landespavillon eine zweite Attraktion im Schloßgarten.

44 Wasserspiele im Schloßgarten
45 Rasenschach im Mittleren Schloßgarten
Als weitläufiger Park mit vielen Erholungs- und Unterhaltungsmöglichkeiten ziehen sich die Schloßgarten-Anlagen vom Stadtzentrum bis an den Neckar. Gartenschach und Bocciabahn, Milchbar und Cafés und plätschernde Brunnen beleben die grünen Flächen. Überall auf dem Rasen lagern Gruppen von buntgekleideten Menschen. Im Unteren Schloßgarten setzen die merkwürdigen Kegel der Berger Sprudler neue Akzente.

46 Metall-Stelen an der Liederhalle
Vor der Außenwand der Liederhalle mit ihren farbigen Mosaiken stehen auf den Rasenflächen die Metall-Stelen von Karl-Heinz Franke. Das breitgelagerte Bauwerk, das die Architekten Abel und Gutbrod 1955–56 als neues Konzerthaus der Stadt errichteten, verändert, indem man es umschreitet, ständig seine Silhouette. Drinnen empfängt den Konzertbesucher ein weiträumiges Foyer, von dem aus man die verschie-

43 Land Pavilion at the Neckarstraße
Because of its yellow taper tent roof visitors can find easily this information center of the Land Baden-Württemberg. Changing exhibitions and lectures take place here. By pressing a button films about the country and its people are projected here. The Land Pavilion is a second attraction beside the Planetarium in the Castle Garden.

44 Waterworks in the Castle Garden
45 Chess Pavement in the Central Castle Garden
As a spacious park with many relaxation and entertainment facilities the Castle Garden extends from the city center to the Neckar. The chess pavement and boccia-alley, milk bar and cafes and the bubbling fountains give life to the gardens. Everywhere colourful groups of people relax on the lawn. The peculiar cones of the Berger whirls give a particular accent to the Lower Castle Garden.

46 Metal Steles at the Concert Hall (Liederhalle)
The metal steles by Karl-Heinz Franke stand on the lawn in front of the Concert Hall's colourful tesselated outer wall. The city's new Concert Hall, a broad building, has been constructed by the architects Abel and Gutbrod in 1955–56. If you walk around it steadily changes its silhouette. Inside a roomy entrance hall welcomes the concertgoer. From here he enters the differ-

43 Landespavillon dans la rue Neckarstraße
Un toit en pavillon jaune se terminant en pointe signale aux visiteurs ce centre d'informations du Land Bade-Wurtemberg. De différentes expositions et conférences y ont lieu. Il suffit d'appuyer sur un bouton pour que des films sur le pays et les gens de la région soient projetés. Ce centre d'informations Landespavillon est, après le Planétarium, la deuxième attraction du Jardin du Château Schloßgarten.

44 Jeux d'eau dans le Jardin du Château
45 Jeu d'échecs sur le gazon dans le Jardin du Château
Les vastes jardins et parcs du Château offrant la détente et la distraction vont du centre ville jusqu'au Neckar. Les jeux d'échecs sur gazon, les jeux de boules, les milkbars, les cafés et le clapotis de l'eau des fontaines animent les espaces verts. Des gens portant des vêtements de différentes couleurs sont allongés sur la pelouse. Dans l'autre partie du jardin les quilles du Berger Sprudler apportent des accents singuliers.

46 Stèles de métal de l'auditorium Liederhalle
Les stèles de métal de Karl-Heinz Franke sont placées sur la pelouse devant le mur extérieur en mosaïques colorées de l'auditorium Liederhalle. Ce large édifice construit en 1955/56 comme maison de concerts par les architectes Abel et Gutbrod change constamment de silhouette lorsqu'on en fait le tour. Le visiteur de concerts est accueilli à l'intérieur dans un vaste foyer

denen Säle betritt. Den großzügigen Komplex des Kultur- und Kongreßzentrums Liederhalle ergänzen die 1993 vollendeten Bauten mit dem Hegelsaal und dem Hotel Maritim.

ent music halls. The generous complex of the conference and cultural center Liederhalle has been completed in 1993 by the concert-hall Hegelsaal and the hotel Maritim.

d'ou l'on peut avoir accès à toutes les salles. Le complex généreux du centre de culture et des congrès Liederhalle a été complété en 1993 par la salle de concert Hegelsaal et l'hôtel Maritim.

47 Funkhaus, vom Park der Villa Berg aus gesehen
Über die Pergolas am Hang der Villa Berg erblickt man das Funkhaus des Süddeutschen Rundfunks, 1976 nach Plänen des Architekten Professor Rolf Gutbrod vollendet. Hinter den vielfältig gegliederten Fassaden liegen die Senderäume und die Etagen der Redaktionen und Verwaltung. Die Studios des Fernsehens verbergen sich teilweise unter dem Höhenrücken des nahen Parks.

47 Broadcasting Center, seen from the Villa Berg's Park
Above the pergolas on the slopes of the Villa Berg you see the building of the South German Broadcasting Service. It has been completed in 1976 after the plans of the architect Rolf Gutbrod. Behind the manifold facades the broadcasting studios, the editorial and administration offices are accommodated. The television studios are partly hidden under the hill of the near park.

47 Maison de la Radio vue du Parc de la Villa Berg
Par la pergola de la villa Berg, on aperçoit la Maison de la Radio de l'Allemagne du Sud achevée en 1976 d'après les plans de l'architecte Professeur Rolf Gutbrod. Les studios d'émission, les étages de la rédaction et l'administration se trouvent derrière les façades différemment structurées. Les studios de la télévision se cachent en partie sous la croupe des collines du parc avoisinant.

48 Stadtansicht vom Eugensplatz aus
Eine der schönsten Ansichten der Stadt in ihrer Tallage zwischen Wald und Reben genießt man vom Eugensplatz aus, wo man die City mit dem Alten und Neuen Schloß, dem Rathaus, der Stiftskirche und dem Tagblatt-Turm überblickt.

48 View of Town from the Eugensplatz
You can enjoy one of the most beautiful outlooks on the city in the valley amidst woods and vineyards from the Eugensplatz. From here you have a look on the Ancient and New Castle, the City Hall, the Collegiate Church and Newspaper (Tagblatt) Tower.

48 Vue de la ville de la place Eugensplatz
Une des plus belles vues de la ville dans sa vallée entre les forêts et les ceps de vigne est offerte de la place Eugensplatz d'où l'on aperçoit la ville avec son Ancien et Nouveau Château, son Hôtel de Ville, son Eglise collégiale, sa Tour Tagblatt.

49 Auf dem Killesberg
Hoch über der Stadt und doch in zehn Minuten vom Zentrum aus erreichbar dehnt sich, den Messehallen unmittelbar benachbart, der Höhenpark Killesberg mit seinen Gartenanlagen, seinen Wasserspielen und Blumenschauen. Anläßlich der IGA, der Internationalen Gartenschau 1993, wurde das »Grüne U«

49 On the Killesberg
High above the city and still only ten minutes from the centre, neighbouring the fair ground, the high altitude park Killesberg spreads out with its gardens, waterworks and horticultural shows. On the occasion of the IGA, the international garden exhibition in 1993, the »green U« was created, an unique green

49 Sur la colline Killesberg
Au-dessus de la ville, mais cependant à quelques dix minutes du centre, et auprès du terrain de foire s'étend le parc vallonné Killesberg avec ses jardins, ses jeux d'eau et ses floralies. A l'occasion de la IGA, l'exposition internationale d'horticulture en 1993, on a créé le «U vert» qui est une ceinture verte uni-

geschaffen, ein einzigartiger Grüngürtel, der sich nun bis hinunter zum Rosensteinpark und in die Innenstadt erstreckt, – ein Geschenk für alle Stuttgarter Bürger und ihre Gäste.

belt which now stretches down to the Rosensteinpark and the city centre – a gift for Stuttgart's residents and visitors.

que s'étendant jusqu'au parc Rosensteinpark et au centre ville – un cadeau pour les citoyens de Stuttgart et pour leurs invités.

50 Hanns-Martin-Schleyer-Halle
In unmittelbarer Nachbarschaft des Gottlieb-Daimler-Stadions entstand nach Plänen der Architekten Siegel, Wonneberg und Partner als eine der modernsten Sporthallen Europas die Hanns-Martin-Schleyer-Halle. In ihr können sportliche und nichtsportliche Veranstaltungen ausgetragen werden, Leichtathletik-Meisterschaften, Sechstage-Rennen oder Eis-Revuen. Bis zu 10 000 Personen finden auf der Tribüne und im Innenraum Platz. Eine 200 qm große Bühne und modernste Beleuchtungs- und Regieanlagen erlauben jede denkbare Inszenierung, z. B. auch für Fernseh-Shows.

50 Hanns-Martin-Schleyer-Hall
In direct vicinity to the Gottlieb Daimler Stadium has been erected one of Europe's most modern gymnasiums, the Hanns-Martin-Schleyer-Hall, after the plans of the architects Siegel, Wonneberg and Partners. Sporting and other events can take place here like track-and-field championships, six-day-races or ice shows. Up to 10 000 people find place on the stand and in the interior. A 200 qm large stage with most modern lighting and production installations allows any thinkable stage setting.

50 La Halle Hanns-Martin-Schleyer
Une des plus modernes halles de sport en Europe comme la Halle Hanns-Martin-Schleyer fut construite tout près du stade Gottlieb Daimler réalisé par les architectes Siegel, Wonneberg et Associés. Dans la Halle Hanns-Martin-Schleyer peuvent être disputés des manifestations sportives ou non, des championnats d'athlétisme, la ronde des six jours (course à bicyclette) ou des revues sur glace. Jusqu'à 10 000 personnes peuvent trouver place à l'intérieur et sur le tribunes. Une scène de 200 m^2, des installations les plus modernes d'éclairage et de régie permettent n'importe quelle mise en scène imaginable, par exemple pour des shows à la télévision.

51 Im Daimler-Benz-Museum
Vor mehr als 100 Jahren begann, gleichzeitig in Stuttgart-Bad Cannstatt und in Mannheim, die Geschichte des Automobilbaus: Gottlieb Daimler konstruierte gemeinsam mit Wilhelm Maybach aus einer Kutsche den ersten Motorwagen, und Karl Benz schuf seinen »Patent-Motorwagen«. Die Ahnenreihe historischer Kraftfahrzeuge vom Daimler-Motorrad aus dem Jahre 1885 bis hin zu den stromlinienförmigen Rennwagen und den neuesten Typen der 1982er Mercedes-Coupés wird im Daimler-Benz-Museum zu Stutt-

51 Inside the Daimler-Benz-Museum
More than a hundred years ago, simultaneous in Stuttgart-Bad Cannstatt and in Mannheim, the history of automobile construction began. Gottlieb Daimler together with Wilhelm Maybach constructed the first automobile out of a carriage, and Karl Benz created his »patent motor car«. The complete ancestor line of historical automobiles, starting from the Daimler motor cycle of 1885 to the streamlined racing cars and the newest 1982 Mercedes-Coupé models, is represented in Stuttgart-Untertürkheim's Daimler-Benz-Museum.

51 Dans le Musée Daimler-Benz
C'est à Stuttgart-Bad Cannstatt et ainsi à Mannheim que commença, il y a plus de cent ans, l'histoire de la construction de l'automobile. Gottlieb Daimler construisit avec Wilhelm Maybach la première voiture à moteur à partir d'un fiacre et Karl Benz créa son «Brevet pour voiture à moteur». A partir de l'an 1885, tous les véhicules historiques du Daimler-Motorrad jusqu'aux voitures de course aérodynamiques et les derniers modèles des Mercedes-Coupés de 1982 sont exposés dans le Musée Daimler-Benz de Stuttgart-Untertürk-

gart-Untertürkheim vollständig gezeigt. Seit seiner Eröffnung kamen Millionen Besucher aus aller Welt hierher, um die Oldtimer und berühmten Benzinkarossen zu sehen.

52 Mineralbad Leuze
Mit seinen heilkräftigen Mineralbädern dicht am Neckarufer ist Stuttgart-Bad Cannstatt eine echte Kurstadt. Im 1984 neu gestalteten Mineralbad Leuze spendet ein mächtiger Sprudler pro Minute mehr als 3000 l Mineralwasser. Die an den Hang gebaute Schwimmhalle ist mit dem runden, dem Neckar zugewandten Freibecken durch eine offene Schleuse verbunden. Weitere Bassins mit unterschiedlichen Wassertemperaturen schließen sich an. Die von den Architekten Geier und Geier entworfenen Bauten, die farbliche Gestaltung und die Plastiken von H. O. Hajek bestimmen das heitere Gesamtbild der Anlage. Nahebei liegt auch das beliebte Mineralbad Berg inmitten grüner Ruhewiesen.

53 In der Wilhelma
Auf dem Gelände eines ehemals königlichen Lustgartens mit seinem Schlößchen in maurischem Stil entstand der einzige Zoologisch-Botanische Garten der Bundesrepublik Deutschland. Sein Aquarium ist das größte in Europa. Seine Kakteenhäuser und das Palmenhaus, die hundertjährigen Magnolienbäume und die große Orchideenschau stellen ebenso wie die Freigehege für Seelöwen und See-Elefanten, die Raubtierhäuser und die Menschenaffen-Zucht die stärksten Anziehungspunkte dieses großen Gartens dar.

Since it opened millions of visitors came to see the Oldtimers and famous horseless carriages.

52 Leuze mineral baths
Stuttgart-Bad Cannstatt is a genuine health resort with its curative mineral baths close to the banks of the River Neckar. In the Leuze mineral baths, newly built in the year 1984, a mighty spring gushes out more than 3000 litres of mineral water each minute. The indoor swimming-pool, built on the slope, is connected by an open sluice with the round open-air pool facing the Neckar. There are further pools with differing water temperatures. The buildings, designed by the architects Geier & Geier, the richly-coloured decorations and the sculptures by H. O. Hajek determine the friendly atmosphere. Nearby are the popular mineral baths of Berg, embedded in green meadows for recreation.

53 In the Wilhelma
On the area of a former royal pleasure garden with its tiny moresque castelets has been created the only zoological-botanical garden of the Federal Republic of Germany. Its aquarium is the biggest one in Europe. Its cactus and palm houses, the hundred years old magnolia trees and the great orchid show just like the outdoor enclosures for the sea lions and sea elephants, the wild animal houses and the anthropoid simian-breeding are the main attractions.

heim. Depuis son ouverture, des millions de visiteurs des quatre coins du monde sont venus ici pour admirer les Oldtimers et les célèbres carosses à essence.

52 Bain d'eaux minérales Leuze
Avec ses bains d'eaux minérales aux vertus thérapeutiques situés directement au bord du Neckar, Stuttgart-Bad Cannstatt est une véritable ville d'eaux. Au bain d'eaux minérales Leuze réouvert en 1984, une puissante source débite plus de 3000 litres d'eau minérale à la minute. Une écluse ouverte relie la piscine couverte construite à flanc de coteau et le bassin découvert rond tourné vers le Neckar. D'autres bassins avec de l'eau à différentes températures viennent s'y adjoindre. Les bâtiments ont été construits par les architectes Geier & Geier et l'ensemble doit son caractère gai à la décoration, aux couleurs et aux sculptures de H. O. Hajek. Tout près se trouve également le bain d'eaux minérales Berg très apprécié dans son agréable cadre de verdure.

53 Dans le jardin zoologique Wilhelma
Sur le terrain de l'ancien Jardin Royal d'Amusement avec son petit château en style maure fut aménagé le seul jardin botano-zoologique de la République Fédérale d'Allemagne. Son aquarium est le plus grand d'Europe. Ses serres de cactées et de palmiers, les magnolias centenaires et les cultures d'orchidées sont les pôles d'attraction de ce grand jardin tout comme les enclos pour les otaries et les phoques, les cages de bêtes sauvages et l'élevage des anthropoïdes.

54 Schloß Rosenstein
König Wilhelm I. ließ dieses Schloß hoch über dem Neckar von seinem florentinischen Baumeister Salucci 1824–29 erbauen. Seit 1945 dient es als Staatliches Naturkunde-Museum, dessen Sammlungen auch in den modernen Neubauten am Löwentor gezeigt werden.
Von den klassizistischen Säulenreihen aus blickt man weit hinüber auf Bad Cannstatt und den gewundenen Flußlauf. Zu Füßen des Schlosses ankern die weißen Ausflugsschiffe der Neckarflotte, die zur Sommerzeit täglich in das Hafengebiet und flußab bis nach Heilbronn verkehren.

55 Der Neckar bei Bad Cannstatt
56 Wein- und Brezelfest in Bad Cannstatt
Früher war Bad Cannstatt eine selbständige Stadt. Heute stellt es einen der liebenswertesten Teile Alt-Stuttgarts dar. In seinen Straßen blieben noch viele schöne Bürgerbauten mit breiten Giebeln erhalten. Über dem Rathaus ragt hoch der Turm der Stadtkirche auf, deren Turmhaube der große Baumeister Heinrich Schickhardt entwarf. In den engen Straßen feiern die Cannstatter mit ihren Gästen jährlich das Wein- und Brezelfest. Unter der Devise »Prosit, Herr Nachbar« sitzt man dann einträchtig bei Viertele und Laugenbrezeln beisammen und fühlt sich zurückversetzt in eine beschaulichere Zeit.

57 Fruchtsäule und Riesenrad auf dem Cannstatter Wasen
Alljährlich im Herbst treffen sich Stuttgarter und Schwaben aus aller Welt

54 Rosenstein Castle
High above the Neckar King Wilhelm I had built this castle by his florentine architect Salucci 1824–29. Since 1945 it serves as a State Museum of Natural History sharing the exhibitions now with the recently constructed buildings at the Lion Gate. From the classicistic pillar rows you look way over to Bad Cannstatt and the winding course of the river. The white excursion boats of the Neckar Fleet anchor at feet of the castle and in the summertime they travel daily to the dock area and downriver to Heilbronn.

55 The Neckar near Bad Cannstatt
56 Wine and Pretzel Festivity in Bad Cannstatt
In former times Bad Cannstatt was an independant city. Today it represents one of the most lovable parts of old Stuttgart. In its streets many beautiful burgher houses with broad gabels survived. Over the City Hall arises the steep tower of the City Church. Its cap has been designed by the great architect Heinrich Schickhardt. Every year the people of Cannstatt and their guests celebrate the »Wine and Pretzel« festivity in the small streets. According to the slogan »Prosit, Mister Neighbour« they sit together harmoniously by a »Viertele« (a glass of wine) and »salt-pretzels« and feel carried back to a more contemplative time.

57 Fruit Pillar and Ferris Wheel on Cannstatt's lawn Wasen
Every year in autumn the people of Stuttgart and Swabians from all over

54 Le Château Rosenstein
C'est le Roi Guillaume I qui fit ériger entre 1824 et 1829 ce château au-dessus du Neckar par son architecte de Florence, Salucci. A partir de 1945 le château a hébergé le Musée National d'Histoire Naturelle; aujourd'hui ses collections sont aussi exposées dans les nouveaux bâtiments près de la porte Löwentor. Des rangées de colonnes en style classique la vue donne au-delà de Bad Cannstatt et sur le cours du fleuve serpenté. Les bateaux mouches blancs de la flotte du Neckar jettent l'ancre au pied du château en descendant le fleuve du port jusqu'à a ville de Heilbronn, quotidiennement en été.

55 Le Neckar près de Bad Cannstatt
56 La Fête du Vin et des Bretzels à Bad Cannstatt
Autrefois, Bad Cannstatt était une ville indépendante. Aujoud'hui elle est une part charmante du Vieux Stuttgart. Ses rues ont conservé de belles maisons bourgeoises aux pignons larges. La tour de l'église paroissiale dépasse largement l'Hôtel de Ville, dont la lanterne fut dessinée par le grand architecte Heinrich Schickhardt. Dans les rues étroites les habitants de Cannstatt fêtent chaque année avec leurs invités la Fête du Vin et des Bretzels. En se souhaitant «à votre santé, monsieur le voisin», on se réunit pour boire un quart de vin du pays et manger la spécialité de bretzels à savoir les Laugenbrezel. On se sent renvoyé aux temps de la belle époque.

57 La colonne de fruits Fruchtsäule et la grande roue sur la place des fêtes Cannstatter Wasen
Les habitants de Stuttgart et de la

auf dem Cannstatter Wasen zum Volksfest, das König Wilhelm I. im Jahre 1818 als Landwirtschaftliches Hauptfest stiftete. Über den Bierzelten und Achterbahnen, den Karussells und Schaubuden und all den kleinen Ständen, an denen man türkischen Honig und Magenbrot kaufen kann, stehen die 24 m hohe Fruchtsäule und das Riesenrad. Vier bis fünf Millionen Besucher kommen jedes Jahr hierher, unter ihnen auch viele Amerika-Schwaben, die eigens mit Charterflugzeugen eingeflogen werden.

the world meet on Cannstatt's lawn to celebrate the public festival, which King Wilhelm I initiated as the agricultural main festivity in 1818. The 24 m high Fruit Pillar and the Ferris Wheel arise among beer tents and roller coasters, roundabouts and show boothes and all the tiny stands of which you can buy turkish honey and sweets. Every year four to five million visitors come to this place. Among them are also many American-Swabians who especially fly in with charter planes.

Souabe venant de tout le monde se rencontrent sur un grand gazon à Cannstatt une fois par an en automne pour la kermesse, donnée en 1818 par le Roi Guillaume I comme fête principale de l'agriculture. La colonne de fruits de 24 m de hauteur et la grande roue se dressent au-dessus des chapiteaux de bière, le grand huit, les caroussels et les stands, grands ou petits où l'on peut acheter le miel turc et le célèbre pain de fruits Magenbrot. Chaque année on compte de quatre à cinq millions de visiteurs parmi lesquels les Américo-souabes venus en avion charter seulement pour participer à cette fête.

58 Musical Hall mit Hotelbauten in Möhrigen

Als neuartiges Freizeit- und Erlebniszentrum mit vielen Facetten entstand an der Plieninger Straße in Stuttgart-Möhringen ein weitläufiger Komplex rings um die eigens erbaute »Music Hall«. Seit Ende 1994 wird dort die weltweit berühmte Aufführung von »Miss Saigon«, einer modernen Version von »Madama Butterfly«, gespielt. Das in roten und pink-farbigen Tönen ausgestattete Theater bietet 1800 Zuschauern Platz. Auf der mit größtem technischen Aufwand errichteten Bühne landet, als High-Light der Aufführung, ein Helicopter in realer Größe.
Rund um das Theater gruppieren sich zwei komfortable Hotels mit insgesamt 455 Zimmern und die ausgedehnte Bäderlandschaft der »Schwaben-Quellen« mit Saunen, Kräuterhöhlen, Solarien und Whirlpools, eingebettet in eine reizvolle Felsszenerie sowie der Tropengarten, durch dessen Glaskonstruktion das volle Tageslicht hereinfällt.

58 Musical Hall with hotel buildings

As a new spare time and recreation centre with many aspects a large complex emerged on the Plieninger Straße around the especially built Music Hall. Since late 1994 the world-wide known musical »Miss Saigon«, a modern version of »Madame Butterfly«, is on the program. The theatre, furnished in red and pink colours, can hold 1800 spectators. The stage has been built and equipped with the most modern and expensive technology and the highlight of the performance is the landing of a real-size helicopter.
Two comfortable hotels with 455 rooms, the large bath complex of the »Schwaben-Quellen« (Swabian Springs) with saunas, herb caverns, solarium and whirlpools, embedded in an attractive rock scenery, and the tropical garden roofed by a glass construction with full daylight are arranged in groups around the theatre.
Between the hotels the »Colonaden« with the attractive waterfall offer many

58 Musical Hall avec hôtels à Möhringen

En tant que centre nouveau des loisirs et des spectacles, un vaste complex autour du nouveau Musical Hall a été inauguré dans la rue Plieninger Straße à Stuttgart-Möhringen. Depuis fin 1994 on y présente le musical mondialement connu «Miss Saigon», une version moderne de «Madame Butterfly». Le théâtre qui a été décoré en rouge et en rose peut accueillir 1800 spectateurs. La scène a été équipée d'une technologie des plus modernes, et un des moments les plus impressionants de la représentation est l'atterrissage d'un hélicoptère en grandeur nature.
Près du théâtre se trouvent deux hôtels confortables avec en somme 455 chambres et le vaste terrain de bain appelé «Schwaben-Quellen» (Sources Souabes) avec des saunas, des cavernes aux herbes, des solariums et des whirlpools entourés d'un petit paysage roucheux attrayant, et le jardin tropical dont le toit en verre fait entrer la lumière du jour.

Zwischen den Hotels bieten die »Colonnaden« mit dem attraktiven Wasserfall vielfältige Möglichkeiten zum Schlendern, Staunen und Kaufen. – In einem italienischen Restaurant, einer schwäbischen Weinstube, einem französischen Bistro, einem irischen Pub oder einer Cocktail-Bar kann man je nach Geschmack essen und trinken. Als origineller Treffpunkt bietet sich der »Times Square« an, dessen überdimensionale Uhr in London vom Uhrmacher des »Big Ben« eigens für Stuttgart gefertigt wurde. Vor und nach der Musical-Vorstellung genießt man auf dem mit Kopfstein gepflasterten »Marktplatz« inmitten bunter Delikatessen-Stände eine Pasta oder Pizza, Fischspezialitäten oder auch Waffeln.
Aus dem schwäbischen Umland und ganz Süddeutschland werden dank der optimalen Verkehrsanbindung auf Jahre hinaus viele Besucher kommen, die diese neue Erlebnislandschaft kennenlernen wollen.

opportunities for strolling, sight-seeing and shopping. There is an Italian restaurant, a Swabian wine tavern, a French bistro, an Irish pub or a cocktail bar where one can eat and drink for everybody's taste. An original meeting-point is the »Times Square«. The overdimensional clock there was exclusively made for Stuttgart by the manufacturer of »Big Ben« in London. Before or after the performance of the musical one can enjoy pasta or pizza, fish specialities or waffles at the cobblestone-paved »Marktplatz« (market place) amidst colourful stands.
Thanks to optimal means of transportation many visitors will come the next years from the Swabian surroundings and the whole south-west of Germany to experience this new spare time area.

Situées entre les hôtels, les «Colonnades» avec leur jolie cascade invitent aux flâneries et aux emplettes. On peut choisir entre un restaurant italien, une taverne souabe, un bistro français, un pub irlandais et un cocktail bar. Le «Times Square» est un lieu de rendez-vous original; son horloge gigantesque a été spécialement fabriqué pour Stuttgart par l'horloger du «Big Ben» à Londres. Avant ou après la séance on peut s'offrir des pâtes ou de pizzas, des spécialités de poisson ou bien des gaufres aux éventaires colorés sur la «place de marché» pavée.
Grâce aux très bons moyens de communication ce nouveau terrain des loisirs va accueilir nombreux visiteurs venant de la région et de toute Allemagne du Sud dans les années suivantes.

59 Im Gelände der Universität am Pfaffenwald
Im Südwesten der Stadt, am sogenannten Pfaffenwald, liegen die weitläufigen Instituts- und Hörsaalbauten der Universität Stuttgart, an der mehr als 12000 Studenten immatrikuliert sind. Eine der wichtigsten Einrichtungen ist die Material-Prüfungs-Anstalt, vor deren Gebäude neuzeitliche Metallplastiken aufgestellt sind. Neben Architektur und Bauingenieurwesen werden an der Stuttgarter Universität Chemie und Metallkunde, Elektrotechnik, Geo- und Bio-Wissenschaft, Geschichte, Sozial- und Wirtschaftswissenschaften, Informatik, Luft- und Raumfahrttech-

59 In the Area of the University at Pfaffenwald
In the southwest of the town, at the so-called Pfaffenwald, the spacious institute and lecture hall buildings of Stuttgart's university are situated. More than 12000 students are matriculated here. One of the most important institutions is the one for material-testing. In front of its building modern metal plastics are set up. At Stuttgart's university are teached: architecture and civil engineering as well as chemistry and physical metallurgy, electrotechnology, geology, biology, history, economics, computer science, aeronautic and space technology, mechanical engineering,

59 Sur le campus de l'université au Pfaffenwald
Au sud-ouest de la ville, au Pfaffenwald se trouvent les immenses instituts et les amphithéâtres de l'Université de Stuttgart où sont immatriculés plus de 12000 étudiants. Un des édifices le plus important est le Laboratoire d'Essai des Matières et des Matériaux, devant lequel sont placés des plastiques modernes. A côté des matières architecture et ingénieur pour bâtiments sont enseignées également à cette université la chimie, métallographie, électrotechnique, géologie et biologie, histoire, sciences économiques et sociales, informatique, aéronautique, construction de ma-

nik, Maschinenbau, Mathematik, Physik, Technische Kybernetik, Geodäsie, Philosophie und Sprachwissenschaften gelehrt.

60 Am Bärensee
Inmitten des ausgedehnten Rot- und Schwarzwildparks, den König Friedrich von Württemberg 1815 anlegen ließ, dehnt sich eine 3 km lange lange Seenkette mit dem Bärensee, dem Neuen See und dem Pfaffensee, die heute noch als Wasserreservoir für die Landeshauptstadt dienen. Die ausgedehnten Wälder mit ihren Seen sind ein beliebtes Nahausflugsziel der Bevölkerung.

61 Schloß Hohenheim mit Botanischem Garten
Unweit des Flughafens liegt, umgeben von einem zweihundertjährigen Botanischen und Exotischen Garten, Schloß Hohenheim. Herzog Carl Eugen ließ es als Landsitz für seine Mätresse und nachmalige Herzogin Franziska von Hohenheim erbauen. Heute dient es als bedeutende Landwirtschaftliche Hochschule. Mit seinen Louis-Seize-Räumen und Marmorsälen galt Hohenheim als »letzte der großen barocken Schloßanlagen – ein stolzer Schloßbau, der sich in seinen Ausmaßen mit Nymphenburg, Würzburg und Mannheim messen konnte«. In seinen Gärten gedeihen über 1000 verschiedene Arten von Laub- und Nadelhölzern aus allen Erdteilen.

62 Rathaus Uhlbach mit dem Rotenberg
Die fruchtbaren Hänge der Weinberge gehören zum Stuttgarter Stadtbild wie die beschauliche Gelassenheit der klei-

mathematics, physics, technological cybernetics, geodesy, philosophy and philology.

60 The Bears' Lake
In the midst of the Rot- und Schwarzwildpark (a natural park and wildlife sanctuary), planned under King Friedrich of Württemberg in 1815, there expands a 3 km long chain of lakes called Bärensee, Neuer See and Pfaffensee, which still today serve as water-reservoir for the City of Stuttgart. The extensive forests and their lakes are very popular for long walks and recreation.

61 Hohenheim Castle with Botanical Garden
Not far from the airport lies the Hohenheim Castle surrounded by two hundred years old botanical and exotic gardens. Duke Carl Eugen had it built as a country residence for his mistress, the later duchess, Franziska of Hohenheim. Nowadays it serves as an eminent agricultural university. Hohenheim with its Louis-Seize rooms and marble halls is regarded as one of the last great baroque palace grounds – a splendid castle, which by its dimensions can compete with Nymphenburg, Würzburg and Mannheim. More than 1000 different kinds of hard- and softwood from all continents prosper in its gardens.

62 Uhlbach City Hall with the Rotenberg
The fertile slopes of the vineyards are part of Stuttgart's panorama as well as the contemplative calmness of the sub-

chines, les mathématiques, physique, cybernétique technique, géodésie, philosophie et linguistique.

60 Le Lac des Ours
Au coeur du vaste Rot- und Schwarzwildpark (parc naturel) que le roi Frédéric de Wurtemberg a fait aménager en 1815 s'étend, sur 3 km de long, une chaîne de lacs – Bärensee, Neuer See et Pfaffensee – qui servent aujourd'hui encore de réservoir à eau pour la ville de Stuttgart. Les vastes forêts et leurs lacs sont un lieu d'excursion très apprécié par les habitants des environs.

61 Château Hohenheim avec Jardin Botanique
Près de l'aéroport, entouré d'un jardin exotique et botanique de 200 ans, se trouve le château de Hohenheim. Le Duc Carl Eugen le fit construire comme résidence secondaire pour sa maîtresse, devenue Duchesse Franziska de Hohenheim. Aujourd'hui, ce château abrite l'Ecole Supérieure d'Agriculture. Ses salles en style Louis XVI et celles en marbre, Hohenheim compte parmi les dernières grandes constructions baroques – une belle construction qui peut se mesurer dans sa grandeur avec le château de Nymphenburg, Würzburg et Mannheim. Dans ses jardins poussent plus de mille variétés d'arbres à feuilles caduques et de conifères venant des quatre coins du monde.

62 Hôtel de Ville à Uhlbach et Rotenberg
Les versants fertiles des vignobles font partie de l'image de la ville de Stuttgart comme le calme de la banlieue verte.

nen Vororte im Grünen. Über dem Weinort Uhlbach mit seinem Fachwerkrathaus von 1612 steigt malerisch der Rotenberg auf. Auf seinem Gipfel liegt die Grabkapelle, die König Wilhelm I. für sich und seine Gemahlin 1820–24 errichten ließ. Von hier aus hat man einen unvergleichlichen Ausblick auf das Dörfchen Rotenberg und weit über das Neckartal bis zu den Bergrücken der Schwäbischen Alb.

63 Segelboote auf dem Max-Eyth-See
An einem Flußbogen des Neckar dehnt sich im Nordosten der Stadt der größte See Stuttgarts, der Max-Eyth-See aus. Auf seiner 17 ha großen Wasserfläche trifft man an jedem schönen Wochenende zahlreiche Segelboote und Windsurfer an. Über den Weinhängen an seinem Ufer liegen die Wohnbauten des Stadtteils Freiberg.

64 Fernsehturm mit den Flaggen der Nationen
Auf dem Hohen Bopser steht, weithin sichtbar, der schlanke Fernsehturm, der mit seinem 217 m hohen Betonschaft zum Vorbild für alle Fernsehtürme der Erde wurde. Seit seiner Fertigstellung im Jahre 1956 sind Millionen von Besuchern auf seine Aussichtsplattform in 150 m Höhe gefahren und haben den einzigartigen Rundblick auf die Stadt und ihre grüne Umgebung bewundert. Im Zusammenklang mit den Flaggen befreundeter Nationen signalisiert er auf unserem Bild den Werbeslogan Stuttgarts: Partner der Welt.

urbs in the verdancy. The picturesque Rotenberg arises above the wine village Uhlbach with its framework city hall of 1612. On its summit lies the oratory that King Wilhelm I had built for himself and his wife 1820–24. From here you have an incomparable outlook on the village Rotenberg and way over the Neckar valley to the Swabian Alb mountain ridges.

63 Sailing Boats on Max-Eyth-Lake
In the northeast of the town Stuttgart's largest lake, the Max-Eyth-Lake extends in a curve of Neckar river. On its 17 ha large water sheet you meet countless sailing boats and wind surfers every nice weekend. Above the vineyard slopes of its banks the buildings of the city quarter Freiberg are situated.

64 Television Tower with the Flags of the Nations
On the Hoher Bopser, visible over a long distance, stands the slim Television Tower with its 217 m high concrete shaft which became a model for all television towers in the world. Since its completion in 1956 millions visited its 150 m high view platform and admired the unique panorama of the town and its green surroundings. In the harmony with the flags of friendly nations it signalizes in our picture Stuttgart's publicity slogan: »Partner of the World«.

Au-dessus du village de vin Uhlbach avec son Hôtel de Ville à colombage datant de 1612 s'élève le pittoresque Rotenberg. A son sommet se trouve la chapelle-tombeau que le Roi Guillaume I fit construire entre 1820 et 1824 pour lui et son épouse. D'ici, on a une vue incomparable sur le petit village Rotenberg et bien au-delà de la vallée du Neckar jusqu'aux crêtes de montagne du Jura Souabe.

63 Voilier sur le lac Max-Eyth-See
A un coude du Neckar s'étend au nord-est de la ville, le plus grand lac de Stuttgart, le lac Max-Eyth-See. Cette nappe d'eau de 17 ha est le lieu de rencontre pour de nombreux voiliers et des windsurfer à chaque belle fin de semaine. Sur ses rives et sur les versants se trouvent les appartements du quartier Freiberg.

64 La Tour de Télévision avec les drapeaux des Nations
Sur la colline appelée Hoher Bopser se dresse – visible de loin – la Tour de Télévision élancée d'une hauteur de 217 m, devenue le modèle pour toutes les tours de télévision de la terre. Depuis son inauguration en 1956, des milliers de visiteurs sont montés sur la plate-forme belle vue à une hauteur de 150 m et ont admiré l'unique panorama sur la ville et ses environs verts. En harmonie avec les drapeaux des nations amis sur cette photo, elle signale le slogan de la ville de Stuttgart: Partenaire du monde.

Landeskunde – Geschichte

Stuttgart-Handbuch

Herausgegeben von Hans Schleuning. 476 Seiten mit 173 Abbildungen, davon 23 in Farbe.
Ein reich bebildertes Sachbuch und Nachschlagewerk, das Fragen zur Erdgeschichte und Landschaft, zu Wald, Landwirtschaft und Weinbau einst und jetzt beantwortet. Es stellt die Entwicklung Stuttgarts und seiner Stadtteile zur heutigen Industrie- und Wohnstadt ausführlich dar und informiert umfassend über die Schlösser, Gärten und öffentlichen Bauten.

Stuttgart

Die Geschichte einer Stadt.
Von Otto Borst. 582 Seiten mit 56 Bildtafeln auf Kunstdruck und drei mehrfarbigen Karten auf dem Vorsatz. Mit Zeittafel, Literaturverzeichnis, Namen-, Sach-, Orts- und Straßenregister.
„Es ist in der Tat Geschichtsschreibung, wie sie mir liegt, wie ich sie liebe. Erzählte Geschichte, mithin unterhaltend und spannend, bei aller wissenschaftlicher Gründlichkeit.“ (Golo Mann)

Das große Stuttgart-Buch

Von Eva Walter und Thomas Pfündel. Mit einem Geleitwort von Manfred Rommel. 160 Seiten mit 254 farbigen Abbildungen.
Das facettenreiche Mosaik einer liebenswerten Großstadt mit ihren historischen Sehenswürdigkeiten und kulturellen Zentren in durchweg farbigen Bildern und interessanten, unterhaltsamen Texten. Ein Buch für alle, die in dieser Stadt leben und sie lieben, ein Buch für jeden, der Stuttgart wirklich kennenlernen will.

Die Wilhelma

Ein Paradies in der Stadt.
Von Wilbert Neugebauer. 191 Seiten mit über 300 farbigen Abbildungen.
Faszinierenden Tieren und Pflanzen begegnet man in der Wilhelma, dem einzigen zoologisch-botanischen Garten in Deutschland. Wir werfen einen Blick hinter die Kulissen, gewinnen einen Einblick in das Management eines modernen Zoos und lernen besondere Tierpersönlichkeiten kennen. Ein Buch für jeden Tier- und Pflanzenfreund, eine einzigartige Dokumentation zum 140jährigen Jubiläum, die uns teilhaben läßt am Leben und Wachsen eines geretteten Paradieses inmitten der Großstadt.

Im Herzen des Schwabenlandes

Kultur, Geschichte und Sehenswürdigkeiten zwischen Schwarzwald und Alb, Donau und Franken.
Von Hermann Baumhauer. Fotos von Joachim Feist. 180 Seiten mit 118 Farbtafeln.
Dieser prächtige Text-Bildband führt in die reizvoll gegensätzliche Landschaft Württembergs, die so reich an kulturhistorischen Zeugnissen einer langen Geschichte ist. Der Autor vermittelt das Bild einer Kulturlandschaft, in der sich auf faszinierende Weise auf engem Raum Gegensätzliches und Gemeinsames findet und in der es noch viel zu entdecken gibt.

Römer, Rätsel und Ruinen

Ausflüge in die heimatliche Archäologie.
Von Dieter Kapff. 128 Seiten mit 16 Kartenskizzen und 34 Fotos.
Dieses ungewöhnliche heimatkundliche Lesebuch ist zugleich ein praktischer und anregender Führer zu archäologischen Sehenswürdigkeiten rund um Stuttgart zwischen Rems und Glems, Asperg und Schönbuch. Mit Text, Bild und Kartenskizzen wird der Leser zu den sehenswertesten archäologischen Denkmälern unserer engeren Heimat geführt.